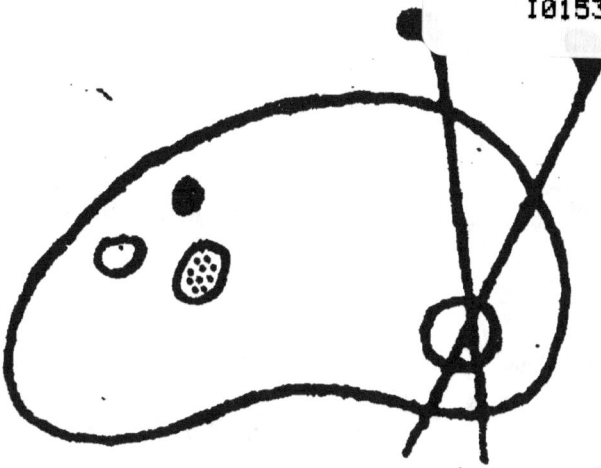

Début d'une série de documents
en couleur

BIBLIOTHÈQUE INTERNATIONALE DE CRITIQUE
— RELIGION ET PHILOSOPHIE —

14

LA SCIENCE

ET

LA PHILOSOPHIE

PAR LE

Docteur GRASSET

PROFESSEUR HONORAIRE A LA FACULTÉ DE MÉDECINE DE MONTPELLIER

ASSOCIÉ NATIONAL DE L'ACADÉMIE DE MÉDECINE

— 3ᵉ mille —

LES DOGMES TRANSFORMISTE ET MONISTE
ET LA PHILOSOPHIE. — LA BIOLOGIE
HUMAINE ET LA PHILOSOPHIE. — LA
MÉTHODE POSITIVE EN PHILOSOPHIE. —
CONTENU ET LIMITES D'UNE PHILOSOPHIE
SCIENTIFIQUE : IDÉALISME POSITIF.

LA RENAISSANCE DU LIVRE
78, Boulevard Saint-Michel, PARIS

BIBLIOTHÈQUE INTERNATIONALE DE CRITIQUE

Vol. in-18 jésus (185 × 1.. à **4 Francs**

·····················

LISTE DES VOLUMES PARUS :

Lettres et Arts

André MAUREL.. .. Les Écrivains de la Guerre (épuisé)
Maurice WILMOTTE. Le Français a la Tête épique.
Marcel BOULENGER. Écrit le Soir.
Camille MAUCLAIR. Auguste Rodin.
Albert MOCKEL.. .. Émile Verhaeren.
André GEIGER .. .. Gabriele d'Annunzio.
Ernest RAYNAUD.. .. La Mêlée symboliste.
Mce DES OMBIAUX .. Les Premiers Romanciers natio-
      naux de Belgique.

Religion et Philosophie

Ernest SEILLIÈRE .. Houston Stewart Chamberlain.
Ernest SEILLIÈRE .. Le Péril mystique dans l'inspira-
      tion des Démocraties.
Ernest SEILLIÈRE .. Les étapes du mysticisme pas-
      sionnel.
Professeur GRASSET La Science et la Philosophie.
Professeur GRASSET Le « dogme » transformiste.
Gonzague TRUC. .. Le Retour à la Scolastique.

Sociologie et Politique

Georges DUMESNIL.. Ce qu'est le Germanisme.
Onésime RECLUS ... Un Grand Destin commence.
Alexandre ZÉVAÈS . La Faillite de l'Internationale.
Edmond LASKINE.. Le Socialisme national.
L. HUOT et P. VOIVENEL.. La Psychologie du Soldat.
Maurice PRIVAT. ... Si j'étais ministre du Commerce.

Mœurs et Coutumes

Jules BERTAUT .. ... Ce qu'était la Province française
      avant la Guerre.

Histoire et Archéologie

Albert MATHIEZ. .. La Révolution et les Étrangers.

·····················

A PARAITRE :

Henri MAZEL. ... ...Essai de psychologie du Kaiser.

IMP. CRÉTÉ, CORBEIL

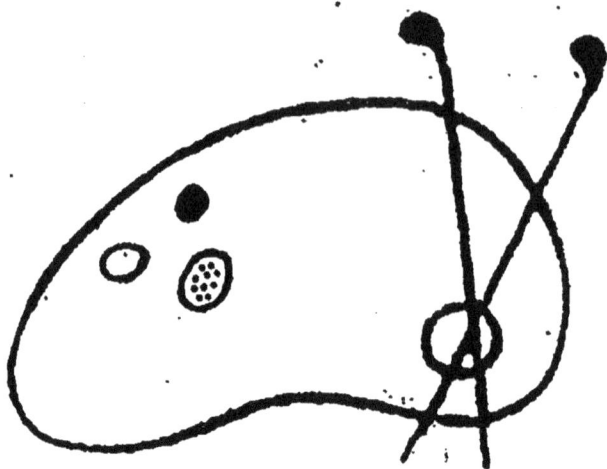

Fin d'une série de documents
en couleur

LA SCIENCE

ET

LA PHILOSOPHIE

DU MÊME AUTEUR

1. Traité de Physiopathologie clinique et Thérapeutique générale basée sur la Physiopathologie clinique. 5 volumes, 2 éditions (Montpellier, Coulet).

2. Les Limites de la Biologie. Bibliothèque de Philosophie contemporaine. Préface de PAUL BOURGET. 1 volume, 7 éditions (Paris, Alcan).

3. Le Psychisme inférieur. Étude de Physiopathologie clinique des centres psychiques. Bibliothèque de Philosophie expéririmentale. 1 volume, 2 éditions (Paris, Marcel Rivière).

4. Demi-fous et demi-responsables. Bibliothèque de Philosophie contemporaine. 1 volume, 3 éditions (Paris, Alcan).

5. Introduction physiologique à l'étude de la Philosophie. Bibliothèque de Philosophie contemporaine. Préface de M. BENOIST. 1 volume, 2 éditions (Paris, Alcan).

6. L'Hypnotisme et la Suggestion. Encyclopédie scientifique. 1 volume, 4 éditions (Paris, Doin).

7. L'Occultisme hier et aujourd'hui. Le merveilleux préscientifique. Préface d'ÉMILE FAGUET. 1 volume, 2 éditions (Montpellier, Coulet).

8. La Responsabilité des Criminels. Bibliothèque internationale de Science et de Droit. 1 volume (Paris, Bernard Grasset).

9. La Biologie humaine. Bibliothèque de Philosophie scientifique. 1 volume, 5e mille (Paris, Flammarion).

10. Devoirs et Périls biologiques. Bibliothèque de Philosophie contemporaine. 1 volume (Paris, Alcan).

Docteur GRASSET

PROFESSEUR HONORAIRE A LA FACULTÉ DE MÉDECINE DE MONTPELLIER
ASSOCIÉ NATIONAL DE L'ACADÉMIE DE MÉDECINE

LA SCIENCE

ET

LA PHILOSOPHIE

PARIS

LA RENAISSANCE DU LIVRE

78, Boulevard Saint-Michel, 78

Tous droits de traduction, d'adaptation et de reproduction réservés pour tous pays

CHAPITRE PREMIER

COMMENT SE POSE AUJOURD'HUI LA QUESTION DES RAPPORTS DE LA SCIENCE ET DE LA PHILOSOPHIE

1. Ancienneté et actualité de la question des rapports de la science et de la philosophie. — 2. Le dogme transformiste et moniste et la philosophie. — 3. Forme actuelle de la question. La biologie humaine et la philosophie. Objet de ce livre.

I. Ancienneté et actualité de la question des rapports de la science et de la philosophie.

Je n'ai nullement l'intention de reprendre, à travers les divers âges et les diverses doctrines philosophiques, l'historique de la classique et antique question des rapports de la science et de la philosophie : je ne me reconnais pas la compétence voulue pour exposer cette vaste question qui appartient vraiment aux philosophes de carrière.

Je voudrais uniquement montrer et discuter l'importante révolution qui s'est opérée dans cette question à la suite des développements énormes qu'a pris la science expérimentale depuis un siècle.

D'un côté, la science expérimentale a tout envahi, imposé ses lois et ses méthodes dans tous les domaines ; elle a été le point de départ d'applications extraordinaires modifiant complètement la vie sociale comme la vie individuelle.

En même temps — d'un autre côté — l'autorité des

autres modes de connaissance (métaphysiques, théologiques) était battue en brèche de divers côtés. A tort ou à raison — je suis de ceux qui croient que c'est à tort — en tous cas, en fait, on ne pouvait plus légiférer pour tout le monde au nom de Dieu. La seule autorité que l'on pût invoquer réellement pour tout le monde était l'autorité de cette science expérimentale, dont les progrès s'imposaient à l'admiration et au respect de tous.

C'est ainsi que, dans cette période contemporaine, la science est entrée dans la philosophie, non plus avec ces rapports discutés et étroits que l'on connaissait jusqu'alors — mais en maîtresse donnant à la philosophie sa base, sa méthode, son fondement, son point de départ — envahissant au fond la philosophie au point de l'annuler, de la supprimer, de se substituer à elle.

Ces essais de *philosophie scientifique* — de philosophie exclusivement basée sur la science expérimentale — se sont multipliés de divers côtés... et ont échoué.

Pourquoi?

La recherche des causes de l'échec des diverses tentatives faites pour édifier une philosophie vraiment scientifique est le fond même de la question que je voudrais étudier dans ce livre : tout le monde reconnaît et proclame que le moment semble venu de fonder une philosophie vraiment scientifique et la plupart des philosophes reconnaissent que les essais déjà faits pour atteindre ce but n'ont pas réussi.

Peut-on remédier à cet état de choses et comment?

La tendance générale de la science, au fur et à mesure qu'elle progresse, est de s'approcher de plus en plus de l'unité. Mieux on connaît les divers corps qui forment l'univers, mieux on apprécie le caractère général des lois auxquelles on arrive ; on a ainsi de plus en plus une tendance à universaliser les rapports et les lois que la science expérimentale a révélés et à conclure au *monisme scientifique* c'est-à-dire à une science unique pour tout l'univers : corps inanimés, êtres vivants, homme.

Et c'est cette science unique, commune à tous les corps de l'univers, que l'on veut naturellement donner pour base et pour fondement à la philosophie nouvelle.

Une circonstance particulière a donné encore plus d'importance pratique à cette invasion de la philosophie par le monisme : c'est la découverte de la variabilité de certaines espèces ; découverte qui aurait été déjà importante, si on l'avait limitée aux faits sur lesquels elle s'étayait, mais qui, pour des raisons diverses, scientifiques et autres, est devenue encore plus importante par la généralisation qu'on en a fait, l'extension à des espèces qui n'ont pas changé depuis des milliers de siècles et la promulgation, en dernière analyse, du « dogme transformiste » et de la doctrine évolutionniste, qui ont tout envahi et dominé en science expérimentale — et par suite aussi en philosophie.

On a sérié tous les corps de l'univers depuis l'homme jusqu'à l'amibe et jusqu'au caillou et on a déclaré que les lois sont identiques pour tous et qu'il est impossible de découvrir chez un terme de la série, l'homme, par exemple, une faculté ou une puissance qui ne soit, déjà, à un degré plus ou moins développé, dans les termes les plus inférieurs de la série.

C'est l'ancien raisonnement de Diderot et Cabanis : l'homme est une argile vivante ; d'autre part, il est un être pensant ; comme il est impossible de faire sortir ce qui pense de ce qui ne pense pas, il faut donc que l'argile ait un rudiment de pensée !

Il est facile de prévoir ce que l'introduction de cette science moniste, universelle et transformiste a apporté de bouleversement dans la philosophie.

Ce bouleversement a porté sur la philosophie théorique, doctrinale, ontologique et métaphysique d'un côté — sur la philosophie pratique, psychologique, morale et sociologique, d'un autre côté.

Pour le côté théorique et métaphysique, rien n'est plus facile : tout ce qui dépasse la science expérimentale est purement et simplement rayé des connaissances humaines, n'existe pas.

C'est ce qu'Auguste Comte a promulgué en lançant sa loi des trois états : l'état positif remplace l'état métaphysique, comme celui-ci avait remplacé l'état théologique.

Ceci, je le répète, est un peu sommaire ; mais ce n'est pas compliqué : la science supprime, comme n'existant pas, toute la partie de la philosophie qu'elle ne peut pas remplacer, édicter par elle-même, tout ce qui échappe à ses méthodes d'investigation et d'observation.

Mais il y a dans la philosophie une autre partie pour laquelle on ne peut pas agir avec la même désinvolture ; c'est la partie pratique, celle qui étudie et dirige la conduite humaine et sociale : la morale et la sociologie.

Un arrêté de la science expérimentale ne peut pas supprimer la morale et la sociologie comme il supprime la métaphysique et la théologie. Il faut, pour fonder une philosophie scientifique, que la science positive fasse une philosophie appliquée à la conduite des hommes et des sociétés.

Or, nous avons vu que la science positive contemporaine est imprégnée et dominée, d'un côté par le dogme du transformisme et la doctrine évolutionniste, de l'autre par l'unité des lois de la nature, du caillou à l'amibe et à l'homme.

Dès lors, dans la science ainsi comprise, les lois étant les mêmes à tous les degrés de l'échelle des êtres et des corps de l'univers, il ne peut pas y avoir pour l'homme de règles de conduite différentes de celles qui régissent l'ensemble de l'univers : il n'y a donc pas plus de liberté et de responsabilité chez l'homme qui commet une mauvaise action que dans l'arbre chétif qui pousse mal ou dans les flots de la mer qui mettent la flotte de Xerxès en péril ; il n'y a donc pas plus d'obligation morale, de devoir et de droit, d'idée de bien et de juste... chez l'homme que chez le caillou : l'un et l'autre agissent fatale-

ment, il n'y a pas plus de morale pour l'un que pour
l'autre ; c'est-à-dire qu'il n'y a plus de morale.

Dans la même doctrine, au point de vue des relations
des hommes entre eux, il n'y a d'applicable et d'intelligible que la loi de la lutte pour la vie, qui est la loi
darwinienne de l'univers tout entier ; il n'y a pas plus de
devoir d'entr'aide et de collaboration pour le progrès
entre les hommes qu'entre les pierres du chemin et les
arbres voisins d'une forêt ; il n'y a pas de droit inter-
individuel ou international autre que celui que crée la
force ; toutes les sociétés humaines, en commençant par
la famille humaine sont basées uniquement et exclusivement sur la capacité de nuire et sur l'égoïsme.

Avec ce point de départ scientifique il n'y a donc pas
plus de sociologie que de morale ; ou plutôt on aboutit à
promulguer, avec toute l'autorité d'une science sûre d'elle-
même, une morale absolument immorale et une sociologie
antisociale, qui aboutiraient, si on les appliquait, à la
destruction totale et définitive, non seulement de tout
progrès humain, mais encore de toute société et de toute
famille humaines ; ce serait le retour à une civilisation
bien inférieure à celle de l'âge des cavernes.

Voilà comment et pourquoi ont échoué — et devaient
échouer — toutes les tentatives faites pour baser la philosophie sur la science positive.

Est-ce à dire qu'il faille renoncer définitivement à toute
nouvelle tentative dans le même sens? Je ne le crois pas.

Ce qui frappe de stérilité l'idée de faire une philosophie
scientifique, c'est la manière dont on conçoit — ou dont
on a conçu jusqu'à présent — la science de l'homme, la
seule qui puisse être donnée comme base à la philosophie,
essentiellement humaine, elle aussi : en appliquant le
dogme transformiste, non plus seulement à la question
ancienne et discutable de l'origine de l'espèce humaine,
mais même à l'étude de l'homme actuel constitué et fixé
depuis des siècles, en proclamant l'uniformité absolue des
lois naturelles pour tous les corps de l'univers et en confon-

dant la science de l'homme dans un monisme scientifique absolu, on construit une science de l'homme sur laquelle il est impossible de bâtir une philosophie raisonnable.

Dès lors, la question se pose ainsi : ne peut-on pas, sur le même terrain positif et expérimental, sans se préoccuper des origines lointaines et préhistoriques, faire une science de l'homme, aussi certaine que l'autre, mais plus *humaine* ; une biologie humaine, qui ne confonde pas l'homme aveuglement avec tous les autres corps de l'univers, qui reconnaisse, à côté des lois physicochimiques (communes à tout l'univers) et à côté des lois biologiques générales (communes à tous les êtres vivants), des lois vraiment et spécialement humaines (propres à l'espèce humaine fixée)?

Je crois que non seulement ceci est réalisable, mais c'est la vérité scientifique positive. Et alors, sur cette biologie humaine ainsi comprise et définie, on peut édifier vraiment et complètement une philosophie scientifique...

Voilà l'idée qui me paraît devoir dominer aujourd'hui et rajeunir par là même la vieille question des rapports de la science et de la philosophie : le débat n'apparaît plus ainsi comme un de ces sujets de discussion académique réservés pour les époques où la pensée humaine est libre de soucis présents ; on comprend que c'est au contraire là un sujet d'une actualité aiguë : la guerre nous a surpris en pleine anarchie morale ; tout le monde parle de faillite de la morale... Nous ne pourrons réagir contre tout cela qu'en restaurant la morale et la sociologie sur une base scientifique et une autorité positive indiscutables.

2. LE DOGME TRANSFORMISTE ET MONISTE ET LA PHILOSOPHIE.

Pour mieux faire saisir la filiation des idées, j'ai dû, dans le précédent paragraphe, énoncer synthétiquement

la série des propositions, dont il faut maintenant entreprendre la démonstration.

Il est d'abord facile de montrer comment le dogme
transformiste et moniste a envahi la philosophie contemporaine et les conséquences — à mon sens, désastreuses —
qu'a eues cette invasion.

Ce n'est pas ironiquement que j'emploie, en matière
scientifique positive, l'expression « *dogme* transformiste » ;
c'est le titre donné par Le Dantec à un chapitre de
Science et Conscience, chapitre qui commence ainsi : « de
ce que les documents paléontologiques sont très imparfaits, de ce que certains savants hardis ont eu le tort
de tirer de ces documents imparfaits des arbres généalo-
giques, dans lesquels il est aisé de découvrir des erreurs,
des philosophes timorés ont cru pouvoir conclure à la
faillite du transformisme. C'est là une erreur regrettable...
Toutes les généalogies proposées pourront s'effondrer
sans que le *dogme* transformiste ne soit atteint. Et ce
dogme a une *valeur religieuse* incontestable... »

C'est en 1859 qu'a paru le livre de Darwin *de l'origine
des espèces par voie de sélection naturelle,* qui lança, dans
le monde scientifique et philosophique, la pensée que
tous les animaux et toutes les plantes dérivent de quelques
formes primitives ou même d'une seule.

En réalité, le vrai père du transformisme est Lamark,
dont la *Philosophie zoologique* avait paru un demi-siècle
avant le livre de Darwin. Dans ses publications qui
avaient eu bien moins de retentissement, notre compa-
triote montrait l'évolution et la formation graduelle de la
vie, moins par sélection naturelle des plus aptes et des
plus forts pour survivre et se reproduire que par l'action
du milieu et l'adaptation des organes.

Du transformisme naît l'évolutionnisme, c'est-à-dire
que ces idées, appliquées d'abord aux règnes vivants, sont
étendues à toute la nature et aux sociétés humaines,
passent de la science biologique à la philosophie toute
entière, lors des premiers travaux d'Herbert Spencer,

dont le *Système de philosophie synthétique* est de 1860. Et ainsi apparaissent la morale évolutionniste, la logique évolutionniste, la psychologie évolutionniste... la sociologie évolutionniste.

Peu après (*Morphologie générale* 1866 ; *Histoire de la création des êtres organisés* 1868 ; *Origine et généalogie de l'espèce humaine* 1870 ; *Les énigmes de l'Univers*) commencent à paraître les publications retentissantes d'Ernest Haeckel, qui propage le transformisme en le poussant très logiquement jusqu'au monisme et l'on voit alors la philosophie accepter, non plus comme une hypothèse sur l'origine des espèces, mais comme un dogme fondamental de toute science positive — s'imposant même à l'histoire de l'homme actuel — ce transformisme dans tous ses développements et jusque dans ses détails les plus discutés.

Comme exemple, il est intéressant de rappeler l'accueil fait par les philosophes à la *loi biogénétique fondamentale* qui est ainsi formulée par Ernest Haeckel : « l'histoire du germe est un abrégé de l'histoire de l'espèce ; ou, en d'autres termes, l'ontogénèse est une récapitulation de la phylogénie... » chaque individu vit, de la fécondation à la naissance, les diverses phases que son espèce a vécues pour arriver à sa forme actuelle.

Rien n'est plus discutable que cette loi, surtout sous la forme schématique que le grand public lui a donnée ; et j'ai résumé dans ma *Physiopathologie clinique* l'excellente réfutation qu'en a donnée mon collègue Vialleton, qui conclut : « la loi biogénétique doit être rejetée dans son sens strict et comme permettant de reconstituer, par l'étude de l'ontogénie, la série réelle des ancêtres d'une espèce ».

Cela n'empêche pas les philosophes de continuer à l'accepter, sans la discuter, comme partie intégrante et indispensable du dogme transformiste. Les classiques l'enseignent.

« L'embryogénie comparée, dit Malapert dans ses

Leçons de philosophie, vient donner à cette conception (de la transformation des espèces) une force singulière en nous montrant que dans son évolution individuelle (ontogénèse), l'animal traverse successivement divers stades, représente successivement divers types, qui sont ceux de l'embranchement, puis de la classe, de l'ordre, etc., reproduisent en raccourci l'évolution mille fois séculaire, qui, de la matière protoplasmique, a fait sortir l'espèce (phylogénèse). »

On applique de même immédiatement — ou on essaie d'appliquer — à l'homme toutes les découvertes les plus étroites sur des êtres vivants bien particuliers et bien éloignés de l'homme. C'est ainsi que dans ces derniers temps on a tâché d'éclairer les difficiles problèmes de l'hérédité humaine avec les lois de Mendel sur la fécondation des pois à grains verts au moyen des étamines de pois à grains jaunes ou sur la souris blanche et la souris grise...

Pour mieux faire comprendre et préciser l'importance du dogme transformiste et moniste dans les doctrines philosophiques qu'il imprègne, je vais citer deux exemples : deux hommes dont l'œuvre a eu et a un grand retentissement sur l'esprit philosophique et scientifique contemporain, l'un — M. Bergson — partant du point de vue philosophique dans lequel il est maître incontesté ; l'autre — Le Dantec — partant du point de vue scientifique dans lequel sa maîtrise n'est pas non plus discutée.

Dès les premières pages de *L'évolution créatrice*, M. Bergson déclare accepter le transformisme ; il explique pourquoi il l'accepte, sans énumérer les preuves scientifiques.

« On peut se demander si une même matière vivante présente assez de plasticité pour revêtir successivement des formes aussi différentes que celles d'un poisson, d'un reptile et d'un oiseau. Mais, à cette question, l'observation répond d'une manière péremptoire. Elle nous montre que, jusqu'à une certaine période de son développement, l'embryon de l'oiseau se distingue à peine de celui du reptile et que *l'individu développe à travers la vie embryonnaire en général une série de transformations comparables à celles par lesquelles on passerait, d'après l'évolutionnisme, d'une espèce à une autre espèce.* » C'est la loi biogénétique fondamentale que nous avons vu plus haut être très discutable si on veut lui donner une forme aussi générale.

La preuve de la vérité du transformisme, « tirée de l'observation pure et simple, va toujours se renforçant, tandis que, d'autre part, l'expérimentation écarte les objections une à une... en résumé, l'hypothèse transformiste apparaît de plus en plus comme une expression au moins approximative de la vérité. Elle n'est pas démontrable rigoureusement ; mais au-dessous de la certitude, que donne la démonstration théorique ou expérimentale, il y a cette probabilité indéfiniment croissante, qui supplée l'évidence et qui y tend comme à sa limite : tel est le genre de probabilité que le transformisme présente ».

D'ailleurs, le transformisme serait-il convaincu d'erreur, arrivât-on à établir que les espèces sont nées par un processus discontinu « dont nous n'avons aujourd'hui aucune idée », la doctrine ne serait pas atteinte dans ce qu'elle a de plus intéressant et, « pour nous de plus important... *Les données actuelles de l'embryologie subsisteraient.* La correspondance subsisterait entre l'embryogénie comparée et l'anatomie comparée. Dès lors, *la biologie pourrait et devrait continuer à établir entre les formes vivantes les mêmes relations que suppose aujourd'hui le transformisme, la même parenté* ». Il s'agirait alors d'une « parenté idéale et non plus d'une filiation matérielle ». Mais force serait toujours d'admettre « que c'est successivement et non pas simultanément que sont apparues les formes entre lesquelles une parenté idéale se révèle. Or, *la théorie évolutionniste, dans ce qu'elle a d'important aux yeux du philosophe, n'en demande pas davantage* ». Ne vaut-il pas mieux dès lors s'en tenir à la lettre du transformisme, tel que le professe la presque unanimité des savants?... « C'est pourquoi nous estimons que *le langage du transformisme s'impose maintenant à toute philosophie*, comme l'affirmation dogmatique du transformisme s'impose à la science ».

Cette citation de M. Bergson montre bien que sa doctrine philosophique est tout entière imprégnée par les idées transformistes. Mais elle montre en même temps les limites de cette emprise chez un esprit philosophique élevé. M. Bergson ne voit pas en effet dans les théories transformistes un dogme nécessaire, inéluctable, imposé par la science positive et expérimentale, puisqu'il fait bon marché de cette origine scientifique et dit nettement que la démonstration positive du transformisme n'est pas nécessaire, que sa doctrine philosophique ne serait nullement modifiée si la science démontrait que les idées transformistes sont inexactes.

Au transformisme, M. Bergson emprunte l'idée d'évolution et rattache sa doctrine de l'évolutionnisme ; il ne part pas de ces hypothèses positives pour édifier une philosophie vraiment scientifique. En fait, il repousse le monisme scientifique, il sépare la biologie de la physico-chimie, discute et critique l'évolutionnisme d'Herbert Spencer, ne veut pas que de l'hypothèse évolutionniste on tire argument pour la conception mécanistique de la vie...

La philosophie bergsonienne est donc un bon exemple pour montrer le rôle important que joue le dogme transformiste et moniste dans la philosophie contemporaine. Mais cet exemple ne suffit pas à montrer les dangers d'une philosophie entièrement basée sur ce dogme considéré comme point de départ scientifique inébranlable. M. Bergson, même quand il applique à la philosophie les découvertes scientifiques, pense et parle plutôt en philosophe qu'en savant. Aussi, Le Dantec, qui ne parle et ne comprend que le langage scientifique, déclare-t-il que pour suivre facilement les idées de M. Bergson, il lui faudrait « un traducteur ».

Pour avoir une idée logique et complète d'une doctrine philosophique entièrement basée sur la science positive, il faut donc citer, non *les philosophes qui font de la science*, mais *les savants qui font de la philosophie* : parmi ceux-ci, celui dont la doctrine est la plus importante à étudier est Le Dantec, d'abord parce que c'était un biologiste — c'est-à-dire un savant positif — parfaitement autorisé et compétent ; ensuite par ce qu'il applique la méthode scientifique avec une logique implacable, poussant jusqu'aux conséquences rationnelles extrêmes les principes que l'expérience a établis.

Avec Le Dantec, nous n'avons plus le langage métaphysique ou le langage métaphorique et nous ne trouvons plus de concession littéraire ou oratoire sur la vérité positive des faits acquis par la science. Il n'admet pas de discussion possible sur l'unité de la vérité qui est la vérité scientifique et sur la réalité du dogme transformiste et moniste (j'en ai déjà cité l'expression plus haut).

« Il y a une vérité, dit l'épigraphe du livre *Savoir*: on y arrive par la méthode scientifique qui, quoi qu'on en ait dit, a droit de cité partout. En dehors de cette vérité, tout ce qu'on appelle ainsi n'est que verbiage ou convention. »

Le dogme transformiste est une de ces vérités scientifiques qui ne peuvent plus être niées, une fois établies, et qui s'imposent à la raison de l'homme, non seulement pour l'origine lointaine des diverses espèces vivantes, mais encore dans tous les divers domaines de l'activité humaine comme de l'activité animale, végétale ou minérale.

Dans un livre qui porte en sous-titre *Philosophie du XXe siècle*, Le Dantec dit : « l'intérêt philosophique du transformisme est qu'il nous oblige à croire à l'évolution progressive, non seulement de nos caractères physiques ou morphologiques, mais de nos caractères moraux eux-mêmes ». Il critique et raille amèrement ceux qui n'ont pas poussé ainsi le transformisme jusqu'à ses limites logiques nécessaires. « Il est curieux de constater que les plus illustres apôtres du transformisme ont méconnu ce côté prodigieux du nouveau dogme, que Darwin, par exemple, imaginant une théorie de l'hérédité basée sur la croyance à des entités statiques, a réduit la transformation des espèces à un remaniement incessant de groupements formés d'éléments éternels. »

« La chose la plus importante pour nous... c'est que nous connaissions la valeur absolue des principes moraux qui dirigent notre activité personnelle. Or, le transformisme nous enseigne que nos caractères moraux, comme tous nos autres caractères, se sont formés progressivement sous l'influence des contingences ancestrales. »

« Seules, les vérités scientifiques ont un caractère impersonnel. Autrement dit, le mot vérité n'a aucun sens en dehors de celui de vérité scientifique... Des esprits généreux ont souhaité l'avènement du règne de la science, parce qu'ils y ont vu la promesse du règne de la justice ! Il faut en rabattre ; le règne de la science, s'il est possible, si une humanité logique est capable de vivre, ne sera pas le règne de la justice ; car la justice n'est pas une vérité scientifique. »

Ces propositions qui paraissent paradoxales sont la conclusion logique de toute doctrine philosophique, qui part du dogme, scientifiquement acquis, du transformisme et du monisme et en déduit toutes les conséquences rationnelles (1).

Nous compléterons ces citations de Le Dantec aux chapitres de la morale et de la sociologie et verrons que toute cette philosophie scientifique aboutit à cette conclusion pratique : « le droit de chacun est proportionné à sa capacité de nuire ».

Les événements récents n'ont pu que renforcer les conclusions de cette doctrine.

(1) La guerre a-t-elle décrété la faillite de la morale? (*Grande Revue,* mai et octobre 1917).

« Tant par le jeu des honnêtes gens que par celui des profiteurs éhontés qui simulent la vertu, les lois morales prennent l'apparence des lois physiques... on les considère volontiers comme inéluctables et absolues. L'humanité vit sur cette erreur volontaire depuis des siècles. Il peut cependant se produire tels événements qui en démontrent l'absurdité. La guerre actuelle en est un... Il faut être bien peu clairvoyant pour ne pas s'apercevoir que *la morale est une duperie*... Il ne s'agit plus de savoir quelle est la bonne cause, quelle est la mauvaise. Les armes décideront et *le bon droit sera du côté du vainqueur*... Les hommes qui croient vraiment à cette « vieille morale » sont des « poires... *La morale a fait faillite et elle ne s'en relèvera que pour les imbéciles*... Il n'y a de droit que celui que l'on peut, à chaque instant, défendre par la force ».

D'où la conclusion : « les découvertes scientifiques contredisent les principes sur lesquels la société humaine repose depuis des siècles et que la guerre actuelle a réduits à néant, en montrant que, dans les grandes occasions tout le monde s'incline devant le droit du plus fort ».

3. FORME ACTUELLE DE LA QUESTION. LA BIOLOGIE HUMAINE ET LA PHILOSOPHIE. OBJET DE CE LIVRE.

Toute l'œuvre de Le Dantec montre, mieux que tout raisonnement, ce que peut être —et ce qu'est nécessairement — une doctrine philosophique uniquement déduite de la science positive actuelle avec le dogme transformiste et moniste comme base primordiale indiscutée.

Le seul exposé de cette doctrine — sans qu'il soit nécessaire de l'accompagner de commentaires — montre immédiatement que cet essai de philosophie scientifique aboutit à la négation et à la suppression complète de toute philosophie, non seulement de sa partie métaphysique, qui est naturellement hors des méthodes positives, mais de ses parties appliquées et pratiques, morale et sociologie.

La doctrine philosophique édifiée sur le dogme transformiste et moniste aboutit à la négation même de toute philosophie, spécialement de toute morale et de toute sociologie.

Ce n'est donc pas là la solution cherchée à la question soulevée des rapports de la science et de la philosophie.

En présence de l'échec constaté de cet essai, loyal et logique, de création d'une philosophie scientifique, j'ai déjà dit qu'il ne faut pas abandonner cette entreprise et abandonner l'idée de donner à la philosophie l'autorité de la science positive actuelle. On peut introduire la science positive en philosophie sans étrangler cette dernière, comme le fait la doctrine de Le Dantec.

Ce qui caractérise la science, telle que l'applique Le Dantec, c'est — il faut le répéter — le dogme transformiste et moniste. C'est le dogme qui étend à l'homme *toutes* les lois et les *seules* lois du reste de l'Univers, qui identifie l'homme aux autres termes de la série le reliant à l'amibe et au caillou, qui oblige à nier le devoir et la responsabilité et à proclamer que *les rapports entre hommes* sont nécessairement régis par la loi darwinienne universelle de la lutte et de la bataille....

Tout autrement se présente la question si on laisse les discussions transformistes s'épuiser sur les antécédents extrêmement lointains de l'espèce humaine ou plutôt sur la *période préhumaine* de la vie de l'homme, — et si, au lieu de proclamer le monisme scientifique absolu, on admet que sans doute l'homme obéit aux lois physicochimiques comme tous les corps de l'Univers, que sans doute il obéit aux lois biologiques générales comme tous les êtres vivants, mais qu'aussi il obéit à des *lois* propres, *humaines* — en d'autres termes, si on émancipe du dogme transformiste et moniste la science positive, dont l'autorité n'est d'ailleurs nullement diminuée.

Pour réaliser cette émancipation, il faut, comme j'ai

essayé de le faire (1), montrer : 1º que l'espèce humaine peut être considérée comme une espèce *fixée* depuis un assez grand nombre de siècles pour que les hypothèses et les discussions transformistes n'aient plus aucun intérêt pour son histoire et son étude actuelles ; 2º que l'espèce humaine, ainsi fixée, présente des caractères assez complètement spécifiques pour qu'elle doive faire l'objet d'une science particulière, *la biologie humaine*, distincte de la science de tous les êtres vivants ou biologie et *a fortiori* de la science de tout l'Univers ou physicochimie.

D'abord, *l'espèce humaine peut être considérée comme une espèce fixée.*

Je n'ai pas besoin de répéter que je ne conteste nullement l'importance des études et des travaux accumulés sur le transformisme. Mais je dis que, *pour l'homme*, ces travaux ont beaucoup d'importance pour éclairer son histoire *avant qu'il soit homme*, mais n'en ont *aucune* pour faciliter l'étude de l'homme, tel qu'il est aujourd'hui et depuis un grand nombre de siècles.

Cette conception de « l'homme espèce fixée » est très fortement discutée de divers côtés.

« Ainsi, m'a dit M. Etienne Rabaud (2), une espèce depuis longtemps fixée posséderait des caractères spécifiques d'une importance exceptionnelle exigeant une étude tout à fait séparée. Pourquoi? Ces caractères dépendent-ils de la fixité ou la fixité de ces caractères?... Si la longue durée de la fixité joue un pareil rôle, est-ce bien l'homme qui doit nous arrêter, qui doit faire l'objet d'une étude à part?... Ne seraient-ce pas plutôt des organismes bien plus humbles, mais beaucoup plus anciens? »

Je n'ai jamais dit ni pensé que l'ancienneté d'une espèce fixée suffit à lui conférer une importance assez grande

---

(1) *La Biologie humaine*, Bibliothèque de philosophie scientifique, 1917.

(2) Etienne Rabaud, Qu'est-ce que la « biologie humaine »? (*Revue scientifique*, 17 mars 1917.)

pour légitimer la création d'une science à part. J'ai dit simplement — et je crois encore — que l'ancienneté d'une espèce fixée (comme l'espèce humaine) *permet* de ne pas se préoccuper pour elle des discussions et des hypothèses transformistes, de rechercher ses caractères propres, et, si alors on trouve des caractères vraiment spécifiques, de créer une science spéciale pour cette espèce.

M. Etienne Rabaud le reconnaît d'ailleurs. Après avoir énuméré des espèces plus anciennement fixées que l'espèce humaine, il ajoute : « en regard de l'âge de ces espèces particulièrement anciennes, l'ancienneté de l'homme compte bien peu ; et, dès lors, n'allons-nous pas créer la science des lingules, la science du nautile, celle du limule ou de certains batraciens anoures? *Non ; nous ne le ferons pas ; car ces espèces ne possèdent aucune particularité exceptionnelle qui les sépare du reste des organismes vivants.* »

Je suis entièrement de cet avis : les lingules, le nautile et le limule ne méritent pas une science à part, malgré leur ancienneté, puisqu'ils ne possèdent aucun caractère propre, aucune particularité exceptionnelle. Cela ne prouve nullement que l'homme, moins ancien, mais suffisamment ancien pour être considéré comme fixé, — présentant d'ailleurs quelque intérêt propre pour nous autres hommes, — ne mérite pas cette science spéciale toute la question est de savoir s'il présente ou non des caractères exceptionnels, qui le séparent de la grande série de toutes les autres espèces vivantes.

« Mais il y a plus, continue M. Etienne Rabaud. Loin que la fixité de l'espèce humaine puisse être acceptée scientifiquement comme un fait, cette fixité n'est encore qu'une affirmation entièrement gratuite. Le terme d'espèce humaine englobe des êtres très divers et, si les naturalistes utilisaient pour l'homme les critères dont ils se servent généralement pour les autres animaux, ils décriraient plusieurs espèces humaines. »

2

Voilà vraiment le fond du débat. Je persiste à croire que les caractères de l'homme — que je résumerai dans mon quatrième chapitre — sont, d'un côté, suffisamment communs à tous les hommes de tous les pays et de toutes les époques, de l'autre, suffisamment différents de ceux que l'on trouve dans les autres espèces animales, même les plus voisines — et cela depuis assez longtemps — pour que l'on doive continuer à séparer l'espèce humaine des autres espèces vivantes.

Dans un travail plus récent (*Revue philosophique,* août 1917), M. Etienne Rabaud étudie « la valeur de l'espèce dans la biologie contemporaine »; il constate que le début des controverses relatives à la question de l'espèce ne date guère que de l'apparition du transformisme darwinien... A peine les naturalistes parvenaient-ils à s'entendre sur des termes précis que l'idée transformiste vint soulever la question de variabilité. Après examen du critère morphologique et des critères physiologiques, il conclut : « ainsi la recherche d'un critère conduit au désaccord et à la confusion. Quelque point de vue que l'on adopte, on ne réussit pas à enfermer l'espèce dans une définition précise, à établir objectivement l'existence d'une unité élémentaire constante et nettement caractérisée... En conséquence, nous devons échapper à la tendance générale de substituer l'espèce à l'individu, d'attribuer à l'espèce plus d'importance qu'à l'individu. *Celui-ci,* d'ailleurs, *agit toujours comme s'il était seul.* Aucune des diverses phases de son comportement n'est liée, ni de près ni de loin, aux besoins, aux intérêts du groupement. D'excellents observateurs constatent — avec une nuance d'étonnement — que le comportement d'un organisme dépend uniquement de l'intérêt individuel et non de l'intérêt spécifique. Aucune coordination spéciale, en effet, ne relie entre eux les organismes semblables ; *tous sont entraînés au même titre dans l'interaction générale.* Il est trop évident que tout ce que fait ou peut faire un individu tient exclusivement à ses qualités personnelles qui règlent ses mouvements en fonction des contingences extérieures. Dès lors, nous plaçant au point de vue général, *parler de l'existence d'une espèce, de la sauvegarde d'une espèce, n'a pas plus de sens que d'apprécier un tableau d'après son cadre.* »

Voilà ce que l'introduction tyrannique du dogme transformiste et moniste dans la science, et par suite dans la philosophie contemporaine, entraîne : l'homme est un individu noyé dans l'univers, soumis aux mêmes lois que les autres animaux, les végétaux, les corps inanimés ; il n'y a plus d'espèce humaine ; il n'y a pas d'intérêt supérieur de l'espèce, de devoirs de solidarité et d'entraide, de progrès scientifique.

Nous au contraire, nous pouvons, pour la définition de l'espèce humaine, laisser de côté les controverses nées de l'apparition du transformisme et garder la vieille formule de Cuvier, à laquelle, dit M. Etienne Rabaud, presque toutes les autres se ramènent, au fond : « l'espèce est une collection de tous les corps organisés nés les uns des autres ou de parents communs et de ceux qui leur ressemblent autant qu'ils se ressemblent entre eux. »

Appliquant cette définition aux hommes, nous pouvons, ce me semble, en faire une espèce et une espèce fixée (1).

Pour rechercher et établir les caractères de cette espèce, il faut s'appuyer surtout sur le *penser physiologique*. Ce sont les analogies morphologiques ou anatomiques qui inspirent le rapprochement de tous les êtres vivants, en série continue, de l'amibe à l'homme ; ce sont au contraire les caractères du fonctionnement et spécialement du fonctionnement psychique qui spécifient l'homme et en font un être distinct.

« Nous ne pouvons que sourire maintenant, dit

(1) La biologie humaine ou science de l'homme (*Revue scientifique*, février 1917).

P. Chalmers Mitchell dans un livre *Le darwinisme et la guerre* (que nous retrouverons), quand nous pensons aux efforts dé-espérés déployés par les *anatomistes* pendant la seconde moitié du siècle dernier pour trouver quelque détail de structure leur permettant d'établir une séparation nette entre l'homme et les grands singes. Même si nous ne considérons que les formes vivantes seules, il est difficile de dire que l'homme, *par sa structure*, se distingue plus de Gorilla que celui-ci du macaque ou de Babouin ». *Anatomiquement*, le cerveau de l'homme se rapproche beaucoup de celui du singe, du mouton et de beaucoup d'autres animaux, tandis que le *fonctionnement* en est absolument différent de celui des animaux, même les plus voisins. *Le cerveau de l'homme est défini par sa fonction. L'homme est défini par sa fonction psychique.*

L'espèce humaine est caractérisée, d'un côté, par l'existence de lois spéciales (*lois humaines*), de l'autre, par la manière dont l'individu réagit aux lois positives (*réactions humaines*).

Je consacrerai tout un paragraphe du chapitre IV (de la psychologie) à l'étude des grands caractères spécifiques de l'espèce humaine fixée : la supériorité intellectuelle et la faculté de progrès indéfini.

De la constatation positive de ces deux caractères spécifiques de l'homme, nous déduirons que les lois biologiques ne sont pas les mêmes pour l'homme et pour les autres êtres vivants, qu'il y a des lois biologiques humainés.

Puis, au chapitre VI (de la morale), nous montrerons, tout aussi positivement et scientifiquement, que les réactions de l'homme à ses lois biologiques sont, elles aussi, différentes des réactions observées chez les autres espèces animales : parmi les facteurs du déterminisme humain, intervient la volonté intelligente, sensible, éclairée, du sujet ; c'est ce que l'on appelle le libre arbitre de l'homme...

Sans insister davantage — pour le moment — sur ces

divers points, nous retenons que, pour l'homme, non seulement les *lois biologiques* sont tout autres, mais encore elles provoquent chez lui des *réactions tout autres* que chez tous les êtres vivants. Cela suffit pour établir la légitimité pour l'homme d'une science à part, qui a pour unique objet l'espèce humaine fixée : *la biologie humaine.*

Tout cela posé, il est facile de préciser maintenant la forme sous laquelle se présente aujourd'hui la question des rapports de la science et de la philosophie et d'indiquer l'objet de ce livre et son utilité présente malgré l'ancienneté de la question.

Les progrès incessants et remarquables de la science positive dans ce dernier siècle ont accru ses désirs d'envahissement dans les diverses branches des connaissances humaines et notamment dans la philosophie ; en même temps, l'autorité de la science s'accroissait tous les jours de l'affaiblissement, au moins apparent, des autorités non scientifiques et non expérimentales (métaphysiques ou religieuses). De là sont nés des essais récents de philosophie scientifique.

Ces essais, conduits avec un grand talent et une logique des plus correctes, ont abouti à la négation de la morale et de la sociologie et par conséquent leurs auteurs se sont montrés totalement impuissants à fonder une philosophie vraie.

Je crois que la cause de cet échec est le fait que la science positive contemporaine a traîné avec elle, dans les essais de philosophie scientifique, le dogme du transformisme et du monisme ; la science, ainsi comprise, n'avait rien d'humain, de spécial à l'homme et ne pouvait pas fonder la philosophie qui est si essentiellement humaine.

On est dès lors en droit de se demander — et c'est ce que fait la génération actuelle — si on ne réussirait pas mieux à fonder une philosophie scientifique avec une science, plus humaine — exclusivement humaine — de l'homme, avec une science qui négligerait — pour le moment — l'étude controversée et difficile de ses *origines préhumaines* et qui détacherait l'étude de l'homme espèce fixée des autres sciences positives et expérimentales.

Et alors la question des rapports de la science et de la philosophie se pose aujourd'hui ainsi : *Quels sont les rapports de la philosophie* — je ne dis pas avec une science positive quelconque ou avec la science positive de tout l'univers, mais — *avec la science positive de l'homme ou biologie humaine ?*

En partant de cette biologie humaine, ne peut-on pas renouveler, avec plus de succès, l'essai fait vainement en partant de la biologie générale et de la physicochimie? *Ne peut-on pas édifier toute une doctrine philosophique sur cette base scientifique positive de la biologie humaine?*

Ce livre n'a d'autre but que d'indiquer les principaux arguments qui permettent, à mon sens, de répondre par l'affirmative à cette grave question — et de montrer ainsi ce que serait, synthétisée et résumée, une *doctrine philosophique uniquement basée sur la biologie humaine*

CHAPITRE II

LA MÉTHODE EN SCIENCE ET EN PHILOSOPHIE

1. Opposition apparente entre la méthode philosophique et la méthode scientifique. La mesure. — 2. La méthode positive, objective et subjective. — 3. La méthode physiopathologique ou médicale.

---

1. Opposition apparente entre la méthode philosophique et la méthode scientifique. La mesure.

Pour analyser les rapports de deux modes de connaissances humaines, le critère le plus important est la *méthode*. On ne peut rapprocher ou opposer la science et la philosophie qu'en déterminant si la méthode scientifique et la méthode philosophique doivent être rapprochées ou opposées.

Or, à première vue, il semble qu'il y ait opposition entre ces deux méthodes : la différence semble très grande entre les buts poursuivis par la science et par la philosophie et entre les méthodes employées pour atteindre ces buts.

La science va d'emblée et exclusivement vers le fait qu'elle observe, enregistre, rapproche des autres faits semblables et écarte des faits dissemblables. — La philosophie cherche et étudie l'*idée*, qu'elle analyse, sur laquelle elle raisonne, qu'elle généralise ou applique.

Par-dessus-tout, la science *mesure* ; ce que ne fait pas la philosophie. C'est là qu'est le nœud de la question, le point le plus important, ou du moins celui auquel on a attaché le plus d'importance et qui a été le plus passionnément discuté.

En tête de son livre *Science et Conscience*, Le Dantec met un dialogue entre M. Mesure et M. Vieilhomme, c'est-à-dire entre l'esprit et la méthode scientifiques d'un côté, l'esprit et la méthode traditionnelles ou philosophiques de l'autre. Comme son nom l'indique, M. Mesure — qui exprime les opinions de l'auteur — est un mesuriste acharné, un absolu partisan de la méthode mesuriste, la seule qui puisse conduire à la seule vérité existante, la vérité scientifique.

« Je prends, dit-il, les mesures comme point de départ... Si vous ne mesurez pas, nous ne tomberons jamais d'accord ; je puis ne pas sentir comme vous ; je ne pourrais pas me soustraire à l'évidence d'une mesure bien faite... Je m'en tiens à un seul point de départ qui est la mesure, parce que la mesure est impersonnelle... Je mentirais à mon nom si je ne me cantonnais pas dans les études objectives, dans les choses mesurables. »

Il est certain qu'il y a là une différence profonde de méthode entre l'observation des phénomènes psychiques et l'observation des phénomènes mécaniques et physico-chimiques. Ces derniers sont susceptibles de mesure, tandis que les premiers ne le sont pas.

Pénétrés de l'importance objective et souveraine de la mesure, certains philosophes ont voulu ne pas admettre le principe que je viens de formuler et ont cherché à démontrer que les phénomènes psychiques sont, eux aussi, susceptibles de mesure comme les phénomènes non psychiques.

Il y a une quarantaine d'années, il y eut, à ce point de vue, une tentative retentissante d'inféodation de la psychologie à la physiologie, dont j'essayai, dès cette époque (1), de montrer l'inanité.

---

(1) *La psychologie physiologique contemporaine. Revue critique Montpellier médical*, janvier 1876. — *Les limites de la biologie*. Bibliothèque de philosophie contemporaine, p. 57.

Je veux parler du *logarithme des sensations*, qui a été une des premières et plus importantes lois de la psycho-physique et dont Ribot a dit : « par elle la mesure exacte est appliquée pour la première fois aux phénomènes psychiques ». On trouvera dans le livre de mon collègue Foucault sur *la Psychophysique* un long et très bon exposé de la loi de Fechner, loi logarithmique, loi psycho-physique fondamentale, et de ses éléments antérieurs : la loi de Weber et la loi du seuil.

La loi logarithmique peut être énoncée ainsi : « les sensations croissent comme les logarithmes quand les excitations croissent comme les nombres ordinaires » ; ou, plus brièvement : « la sensation croît comme le loga-rithme de l'excitation » ; ou encore, en langage plus clair : « quand les excitations augmentent suivant une progression géométrique, les sensations augmentent sui-vant une progression arithmétique ».

Peu importe la formule adoptée; l'argumentation est la même.

L'objection capitale à faire à la loi psychophysique, disais-je en discutant cette loi en 1876, c'est que la sensation n'est pas une grandeur mesurable comme les grandeurs ordinaires et alors on ne peut pas dire que la sensation croisse comme le logarithme des excitations — ou dans une proportion mesurable quelconque avec l'excitation.

Nous reconnaissons bien deux sensations semblables et nous distinguons deux sensations dissemblables ; mais il nous est impossible de dire si une sensation est le double ou le triple d'une autre. Nous ne pouvons pas faire abstraction de la qualité d'une sensation pour n'en appré-cier que la quantité.

Dans les expériences des psychophysiciens, il m'est impossible de dire que les petites sensations, éprouvées à chaque augmentation minima d'excitant sont égales entre elles. Et alors on ne peut plus les poser en série arithmétique quand les excitations croissent en série géométrique — et par suite tout l'édifice de la loi est ruiné.

Dans un remarquable article, non signé, de la *Revue scientifique*, Tannery disait, à cette même époque : « on saisit un moment où la sensation change ; il n'y a là ni quantité ni continuité ». Il est impossible de traiter mathématiquement une sensation de cette espèce. Le raisonnement des psychophysiciens n'a donc qu'une apparence de rigueur.

Rien ne prouve l'égalité mesurable des divers minima de sensation. De ce qu'une sensation est provoquée par le minimum d'excitation perçue, je ne peux pas conclure que cette sensation est elle-même minima absolue et par suite toujours égale à elle-même. Ce n'est que par définition que l'on peut poser cela et alors cette prétendue loi devient elle-même une définition.

Le seul fait démontré par l'expérience est le suivant : pour que des excitations successives agissent efficacement sur les extrémités périphériques des nerfs sensitifs, il faut qu'elles croissent en progression géométrique. Ce fait n'a rien de psychique. Les phénomènes psychiques, c'est-à-dire les sensations, ne pourraient entrer dans la loi que si, par d'autres expériences, on les avait mesurés et on avait trouvé leurs rapports avec l'excitation nerveuse. Car il faut se garder de confondre la sensation phénomène psychique et l'excitation nerveuse qui lui donne naissance. Rien n'autorise à conclure de l'excitation nerveuse à la sensation perçue.

Dans son *Essai sur les données immédiates de la conscience*, M. Bergson a repris, avec beaucoup de soin, cette étude de l'intensité des états psychologiques et a montré que cette notion « se réduit ici à une certaine qualité ou nuance dont se colore une masse plus ou moins considérable d'états psychiques ». Il y a « là un changement de qualité plutôt que de grandeur ». Les éléments qui semblent accroître la grandeur d'une sensation se bornent à en modifier la nature. De même « les intensités successives du sentiment esthétique correspondent à des changements d'état survenus en nous... Il n'y a rien de commun entre des grandeurs superposables telles que des amplitudes de vibrations, par exemple, et des sensations qui n'occupent point d'espace ».

Puis, à propos de la loi de Fechner, « comment passer dit-il, d'une relation entre l'excitation et son accroissement minimum à une équation qui lie la quantité de la sensation à l'excitation correspondante? Toute la psychophysique est dans ce passage. »

Plus récemment, M. Foucault a repris, avec beaucoup de force, la discussion de la loi de Fechner, qui est, dit-il, la base expérimentale de toute la psychophysique.

En réalité, fait-il remarquer, ce que Fechner étudie et essaie de mesurer, ce ne sont pas des sensations, phénomène psychique élémentaire et obscur, mais des perceptions, c'est-à-dire des phénomènes psychiques complexes dans lesquels des images reflètent le passé du sujet, dans lesquels le sujet marque son caractère personnel, son activité propre ; « par suite, il ne peut pas exister une relation fonctionnelle générale entre l'excitation et la perception qu'elle détermine. L'interprétation que Fechner a donnée de ses expériences est donc insoutenable. »

M. Foucault conclut nettement : « les tentatives faites par Fechner et beaucoup d'autres pour mesurer, directement ou indirectement, l'intensité des sensations, sont donc stériles, par ce que cette prétendue intensité n'existe pas et que par suite la sensation ne grandit en intensité ni d'une manière continue ni d'une manière discontinue. » Et ailleurs : « le système psychophysique de Fechner est inacceptable parce que l'idée qui lui sert de base est fausse : il est faux que, lorsque nous portons le jugement psychophysique, lorsque nous déclarons, par exemple, une intensité lumineuse plus forte qu'une autre ou égale à une autre, notre jugement soit déterminé par une comparaison quantitative des sensations ou des perceptions ;

la prétendue intensité des sensations, qui grandirait et diminuerait à mesure que les intensités physiques correspondantes grandissent et diminuent, n'existe pas. » — « La recherche d'une loi mathématique reliant les phénomènes psychologiques à leurs concomitants physiologiques et à leurs antécédents physiques était chimérique. »

Le logarithme des sensations, dont je viens de rappeler l'échec, n'est pas le seul essai fait par les philosophes scientifiques pour introduire la mesure dans l'étude et l'analyse des faits philosophiques c'est-à-dire des phéno-mènes psychologiques.

Toute une école, composée de savants extrêmement distingués, a soutenu que la psychologie de l'homme doit se faire toute entière objectivement comme celle des animaux par la seule étude des phénomènes physiologiques, parfaitement mesurables et enregistrables, qui accompagnent les phénomènes psychiques, c'est-à-dire par la seule étude de ce que l'on a appelé les phénomènes psychophysiologiques.

« En un mot, disait Ribot dans la *Psychologie allemande contemporaine,* résumant la doctrine de Fechner, de Wundt et de Delbœuf, à tout phénomène ou groupe de phénomènes d'ordre psychologique correspond un fait ou groupe de faits d'ordre physiologique et l'*explication scientifique des premiers doit être cherchée dans la connais-sance des seconds.* » Et ainsi est créée la psychologie physiologique qui est l'introduction en psychologie des principes, des méthodes et des hommes de la physiologie.

Il est certain qu'en effet les phénomènes psychiques sont souvent accompagnés de phénomènes dits physiolc-giques, que l'on peut mesurer et enregistrer comme les autres phénomènes physiologiques : ce sont des phéno-mènes moteurs, vasomoteurs, secrétoires, mimiques, réactionnels... que l'on peut appeler *parapsychiques.*

Je n'aime pas l'expression « phénomènes *physiolo-*

giques » opposée à « phénomènes *psychologiques* », alors que ceux-ci sont, en fait, tout aussi physiologiques que les autres. Ce sont en réalité des *phénomènes nonpsychiques mesurables* qui accompagnent les *phénomènes psychiques non mesurables*.

Quoi qu'il en soit de la propriété de l'expression, dont le sens vrai est compris par tout le monde, les fondateurs et pronateurs de la psychophysiologie se sont mis à étudier, à fouiller et à creuser de tous côtés et en tous sens ces phénomènes non psychiques mesurables. On a créé et multiplié les laboratoires, on a enregistré les phénomènes circulatoires, respiratoires... C'est l'âge des tambours de Marey.

Nous reviendrons, notamment au chapitre III à propos des émotions, sur les erreurs que cette manie de l'enregistrement a entraînées. Pour le moment et au point de vue de la question — méthode — qui est l'objet de ce chapitre, je dois dire que l'étude expérimentale et complète de ces phénomènes non psychiques mesurables est extrêmement importante pour l'étude des phénomènes psychiques eux-mêmes ; mais il faut ajouter immédiatement et expressément que cette étude ne peut pas remplacer l'étude du phénomène psychique lui-même et que *ces phénomènes non psychiques mesurables ne peuvent pas être mis à la place des phénomènes psychiques non mesurables.*

La confusion entre les phénomènes psychiques et les phénomènes non psychiques accompagnateurs est fausse et antiscientifique ; et cela pour trois motifs que nous développerons au chapitre III de la psychologie : 1º les phénomènes psychiques et les phénomènes parapsychiques ne sont pas parallèles les uns aux autres, au point de vue de l'intensité et de l'évolution ; 2º à chaque phénomène psychique bien défini ou à chaque groupe de phénomènes psychiques bien définis ne correspond pas un groupe de phénomènes parapsychiques spécifiques, également bien définis; 3º tous les phénomènes psychiques ne sont pas des réflexes cérébraux ; certains sont psychiques purs ou intrapsychiques et ne s'accompagnent d'aucun phénomène réactionnel mesurable d'un ordre quelconque.

Toutes les tentatives faites, dans un but excellent et avec beaucoup de talent, *pour introduire les méthodes scientifiques de mensuration dans l'analyse et l'étude des phénomènes psychiques ont donc complètement échoué.* Il faut se résigner à dire que *les phénomènes psychiques ne sont, ni directement ni indirectement, mesurables comme les autres phénomènes physiologiques.*

Si on accepte les idées de Le Dantec et si on veut faire reposer toute la méthode scientifique sur la mesure, on est bien obligé de dire que la méthode scientifique n'est pas applicable à l'étude du phénomène psychique, que, par conséquent la méthode scientifique et la méthode philosophique sont absolument différentes l'une de l'autre et qu'il est vain de chercher à fonder une philosophie vraiment scientifique c'est-à-dire une philosophie basée sur la science et déduite de la science.

Je crois cette manière de raisonner erronée et vais essayer de montrer, dans le paragraphe suivant, que *le phénomène psychique, quoique non mesurable par les moyens employés pour les autres phénomènes naturels, peut néanmoins être l'objet d'une étude scientifique, d'une science positive.*

2. LA MÉTHODE POSITIVE, OBJECTIVE ET SUBJECTIVE.

La méthode *positive* est la grande méthode scientifique, que l'on peut placer sous l'immortel patronage de François Bacon, Descartes, Barthez, Auguste Comte et Claude Bernard.

Au début de toutes connaissances, Descartes, dans le *Discours de la méthode,* met d'abord la connaissance de soi, démentant le scepticisme artificiel du début : « Je me résolus de feindre que toutes les choses qui n'étaient jamais entrées en l'esprit, n'étaient non plus vraies que les illusions de mes songes. Mais, aussitôt après, je pris garde que, pendant que je voulais ainsi penser que tout était faux, il fallait nécessairement que moi qui le pensais fusse quelque chose ; et, remarquant que cette vérité *je pense, donc je suis* était si ferme et si assurée que toutes les plus extravagantes suppositions des sceptiques n'étaient pas capables de l'ébranler, je jugeai que je pouvais la recevoir sans scrupule pour le premier principe de la philosophie que je cherchais. »

Partant de là, par opposition avec notre propre existence et par réaction sur la conscience du moi, nos connaissances se développent par l'expérience. Nous constatons l'existence du monde extérieur en face de nous-même et nous étudions ce monde extérieur par l'observation et l'expérimentation.

François Bacon ramène la méthode positive à l'expérience et à l'induction. « L'observation et l'expérience pour amasser les matériaux, l'induction et la déduction pour les élaborer : voilà les deux seules bonnes machines intellectuelles. » La médecine scientifique — c'est-à-dire la science de l'homme — ne peut se constituer, dit Claude Bernard, que « par l'application immédiate et rigoureuse du raisonnement aux faits que l'observation et l'expérimentation nous fournissent ».

Sur ce point, Bacon et Claude Bernard partent du même principe. Mais le premier avait très incomplètement compris le problème. « Bacon n'était point un savant, dit Claude Bernard, et il n'a point compris le mécanisme de la méthode expérimentale. » Il a notamment méconnu l'importance de l'état psychique humain *avant* l'observation expérimentale et *au moment* de cette observation. Auguste Comte a bien signalé cette erreur. « Selon le philosophe anglais, dit M. Lévy Bruhl, exposant la *Philosophie d'Auguste Comte*, l'esprit, dans la connaissance de la nature, doit se faire aussi réceptif que possible ; il fausserait la science en y introduisant quoi que ce fut de lui-même ; tout son effort doit être de se présenter aux phénomènes comme un miroir parfaitement plan et sans tâche, afin de les refléter tels qu'ils sont. Or, c'est là précisément l'idée de la science que Comte rejette sous le nom d'empirisme... Dans la simple observation d'un phénomène par l'esprit humain, l'esprit est intéressé tout entier ; les conditions subjectives de la science y sont déjà virtuellement données. »

« Selon la philosophie baconienne, qui, pendant longtemps, a régné parmi les savants, dit M. Emile Boutroux, les lois de la nature s'inscrivaient d'elles-mêmes dans l'esprit humain, pourvu que celui-ci se purifiât de ses préjugés et se livrât docilement à l'influence des choses. Nulle participation active du sujet dans la connaissance proprement dite. Le sujet ne se manifestait comme tel que dans ses sentiments, dont la science, précisément, s'appliquait à faire abstraction. L'étude de l'histoire des sciences, jointe à l'analyse psychologique de la formation des concepts scientifiques dans l'esprit humain, a déterminé une théorie toute différente. »

La « table rase » individuelle — qui n'a rien à voir avec celle de Descartes — et la passivité de l'esprit observateur seraient un état déplorable dans l'esprit du chercheur qui veut observer les phénomènes et faire progresser la science. Pour bien appliquer la méthode positive, il faut un esprit actif, agissant, instruit...

Ces considérations, que je compléterai un peu plus loin, étaient nécessaires pour bien faire comprendre ce qu'est réellement la méthode positive.

Cette méthode positive, ainsi définie et comprise, peut-elle être appliquée en science et en philosophie ?

Pour la science, cela ne fait aucune difficulté : la méthode positive est, à proprement parler, la méthode scientifique. Peut-elle aussi s'appliquer à l'objet de la philosophie ?

Il est certain qu'il y a un objet de la philosophie auquel cette méthode ne peut pas s'appliquer : c'est toute la partie métaphysique (son nom même indique qu'elle n'est pas expérimentale), l'ontologie, la science des êtres, de l'essence des êtres, de l'âme, de Dieu... Nous en reparlerons au chapitre VIII à propos des limites de la philosophie scientifique.

Mais, à côté de cette partie, inaccessible à la méthode positive, il y en a toute une autre, très considérable et très étendue, à laquelle la méthode scientifique peut parfaitement s'appliquer : c'est la psychologie avec toutes ses dépendances (morale, logique, sociologie).

L'objet de cette partie de la philosophie est, en dernière analyse, l'*idée* ou le phénomène psychique, ou plutôt, pour être plus exact, la partie cérébrale (matérielle) du phénomène psychique ; ce que l'on peut appeler le *phénomène encéphalopsychique*.

Je crois qu'il est facile de montrer que la méthode positive s'applique à l'étude du phénomène encéphalopsychique, aussi bien qu'à l'étude de n'importe quel autre phénomène biologique.

En principe, la méthode positive permet de constater et d'analyser les *phénomènes* et conduit à la connaissance ou science des *rapports* et des *lois* qui unissent et régissent ces phénomènes, sans pénétrer dans la connaissance ontologique des substances. De Galilée à Bacon, de Descartes à Barthez et à Claude Bernard, tous les fondateurs de la méthode positive sont d'accord sur ce point.

On comprend que cette méthode, profondément idéaliste dans ses conclusions et dans ses procédés (je reviendrai sur ce point un peu plus loin), s'applique aussi bien à l'étude de la fonction psychique qu'à l'étude des autres fonctions de l'économie. A cette proposition, on a cependant fait une objection, qui, au premier abord, paraît grave : les phénomènes psychiques ne sont pas rigoureusement et absolument déterminés comme les phénomènes physicochimiques ou même comme les autres

3

phénomènes biologiques. Or, la méthode positive ne peut s'appliquer qu'à des phénomènes rigoureusement et absolument déterminés.

Je développerai, dans un autre chapitre (VI), la conception du libre arbitre, telle que l'on peut l'établir en philosophie biologique. Mais je dois indiquer ici rapidement les raisons qui me font repousser l'objection ci-dessus.

Certes, il faut que les phénomènes soient déterminés par des lois pour que la science positive puisse se proposer de découvrir et d'étudier ces lois. Mais ce déterminisme peut être de natures diverses. Le déterminisme des êtres vivants est bien différent du déterminisme des corps bruts, puisque, pour les premiers, il y a une finalité biologique, une idée directrice de conservation et de défense de l'espèce, qui n'existe pas pour les seconds. Cependant tout le monde reconnaît bien que la biologie existe comme science positive et expérimentale.

De même, le déterminisme humain est tout à fait différent du déterminisme biologique général, puisque, chez l'homme, l'activité propre, personnelle, autonome, libre, de l'individu, apparaît d'une manière indiscutable. Mais cela n'empêche pas qu'il y ait une science positive de l'homme. Depuis plus d'un siècle, spécialement depuis Barthez, Auguste Comte et Claude Bernard, la science de l'homme est faite toute entière avec la méthode positive, dans l'esprit cartésien.

Seulement, pour être complète et comprendre l'étude du phénomène psychique, cette science de l'homme basée sur la méthode positive doit tenir compte des conditions humaines de la vie humaine, de la spontanéité, de l'activité propre, de la liberté des neurones psychiques humains, comme le biologiste général doit tenir compte de la finalité biologique quand il étudie les lois du déterminisme chez les êtres vivants.

L'homme est susceptible d'être étudié scientifiquement, positivement et expérimentalement, à condition que,

dans cette étude, on tienne compte des conditions particulières de la vie humaine et du psychisme humain.

Donc, la méthode positive peut et doit être appliquée
à l'étude du phénomène encéphalopsychique humain
comme à l'étude de tous les autres phénomènes biologiques, seulement à une condition, c'est que cette méthode
positive sera à la fois objective et *subjective :* puisqu'il
s'agit de scruter et d'analyser un phénomène humain, il
est bien naturel que nous puissions étudier les phénomènes conscients sur nous-même comme sur les autres
hommes.

Beaucoup de savants — on peut même dire: la plupart
des biologistes — refusent toute valeur scientifique à la
méthode subjective.

D'après Le Dantec, tous ceux qui ne veulent pas
appliquer à tout la méthode objective de mesure, tous
ceux qui acceptent dans certains cas la méthode subjective d'observation sont des mystiques c'est-à-dire des
antiscientifiques, qui veulent substituer le mystère à la
science.

Vous proposez ainsi, dit-il à ces savants, « une méthode
dont vous pouvez vous servir sans crainte d'être jamais
contredits par les savants, par ce que vous connaissez
d'avance son absolue stérilité; c'est la *méthode qui consiste
à étudier subjectivement les choses que l'on ne peut connaître
que par la méthode objective.* En vous y conformant, vous
prenez vis-à-vis du monde une attitude analogue à celle
du fakir qui se contemple le nombril. Cela vous conduira
sans doute à des développements poétiques que l'on pourra
admirer ; mais vous êtes bien certains que jamais aucun
fait découvert par cette méthode ne se mettra en travers
des affirmations de la science parce que vous ne découvri-
rez jamais rien. Words ! Words ! Words ! »

Il est certain que, si l'on applique la méthode subjective
à l'étude des phénomènes « que l'on ne peut connaître
que par la méthode objective », on se condamne, *à priori*

et par définition, à la stérilité absolue. Seulement la question reste entière de savoir si toutes les choses étudiées par le biologiste humain ne peuvent être connues que par la méthode objective. Je persiste à croire que l'auto-observation psychologique peut contribuer — et contribue — à éclairer un domaine, grave entre tous, plus étendu et plus compliqué que le nombril du fakir.

En tous cas, *la méthode subjective est tout aussi scientifique, aussi positive, aussi peu mystique que la méthode objective.*

Le grand danger de la méthode subjective — celui sur lequel les biologistes insistent avec raison — c'est d'en vouloir étendre les résultats et les conclusions aux autres êtres vivants ; on tombe alors dans l'erreur anthropomorphique. Ainsi très dangereuse est la méthode de ceux dont parle Le Dantec quand il dit : « je constate que, pour avoir commencé toutes ses recherches par l'étude subjective de son moi, on arrive à se dire que, seule, cette méthode est fructueuse, que, seule, elle est valable et fait atteindre la réalité jaillissante. »

Il est certain que faux et antiscientifique est le raisonnement qui veut substituer partout la méthode subjective à la méthode objective et qui prétend que la méthode subjective est la seule que doive employer le biologiste. Mais aussi faux et antiscientifique est le raisonnement inverse qui voudrait supprimer complètement et frapper d'interdit la méthode subjective et déclarer que la méthode objective seule doit être employée par le biologiste.

Ceci est déjà vrai pour la biologie générale, l'homme faisant partie du monde vivant et les observations faites sur lui ne devant pas être dédaignées en physiologie comparée. Mais c'est encore bien plus vrai — et alors indiscutable — quand on n'a en vue, comme nous, que la biologie humaine. *La généralisation anthropomorphique n'est plus à redouter*, puisque le biologiste humain étudie uniquement l'homme et ne déduit rien, de cette étude particulière, pour l'ensemble des autres êtres vivants.

Dans un livre important, dont le titre même indique l'idée mère — la *Psychologie objective* — et dont Auguste Marie a dit que c'est « le manuel de la psychologie de demain », Bechterew *semble* avoir soutenu une opinion diamétralement opposée à la nôtre et n'admettre que l'étude objective des phénomènes encéphalopsychiques. Je dis « semble », parce que, en réalité, il ne nie pas les états de conscience qu'analyse la méthode subjective mais il les laisse volontairement de côté ; il n'étudie, sous le nom de psychologie objective, qu'une partie de la psychologie — partie à laquelle il accorde une importance exagérée ; et il arrive à dire : « nous trouvons que l'activité psychique, où qu'elle se manifeste, ne peut jamais être jugée d'un point de vue purement subjectif. Née des impulsions externes et aboutissant à des modifications objectives dans le milieu ambiant, elle doit être considérée comme un facteur du monde objectif. »

Prise au pied de la lettre, cette proposition est inexacte (1) : *l'activité psychique ne naît pas toujours des impulsions externes*, tous les actes psychiques ne sont pas des réflexes cérébraux ; *ils n'aboutissent pas tous*, au moins immédiatement, *à des modifications objectives dans le milieu ambiant ;* il y a des phénomènes *intra-psychiques* extrêmement importants que l'on méconnaîtrait absolument si on ne les étudiait que par les phénomènes parapsychiques réactionnels qu'ils provoquent et qui ne peuvent être étudiés que par la méthode subjective.

Bechterew sort donc de la vérité scientifique quand il dit : « à notre avis, la psychologie objective ne doit s'occuper, en aucune mesure, des données de l'introspec-

---

(1) Voir, dans le chapitre suivant la critique de l'identification des phénomènes psychiques avec les réflexes cérébraux.

tion. » Il ne faut pas séparer par un mur ou un fossé infranchissable la psychologie objective de la psychologie subjective. *Il n'y a qu'une psychologie* qui emploie la méthode subjective ou la méthode objective suivant les cas et les moments, appliquant le plus souvent les deux à l'analyse des mêmes cas — la plupart des phénomènes encéphalo-psychiques étant justiciables des deux méthodes...

Je n'ai pas à insister sur les idées de Kostyleff — *Le mécanisme cérébral de la pensée* — très analogues à celles de Bechterew : « il faut, dit-il, que les données de l'expérience interne puissent être rattachées à des phénomènes objectifs. » — Non. Il y a des cas où ce rattachement est impossible et dans lesquels cependant l'observation positive est réalisable.

Auguste Comte avait déjà, dit M. Lévy Bruhl, « accablé de railleries la méthode d'observation intérieure pratiquée par les psychologues... Cette psychologie prétend suivre une méthode scientifique ! la méthode même qui a si bien réussi dans les sciences naturelles ! Elle s'imagine pratiquer l'observation intérieure comme la physique emploie l'observation externe. Mais qu'est-ce que cette observation intérieure? Comment le même organe peut-il avoir à la fois pour fonction de penser et d'observer qu'il pense? On conçoit que l'homme s'observe lui-même, s'il s'agit des passions qui l'animent. Aucune raison anatomique ne s'y oppose, puisque les organes qui sont le siège des passions sont distincts de ceux qui servent aux fonctions observatrices. Mais, quant à observer de la même manière les phénomènes intellectuels, c'est chose manifestement impossible. L'organe observé ne faisant qu'un, dans ce cas, avec l'organe observateur, comment l'observation pourrait-elle avoir lieu? »

Même en admettant comme un dogme qu'un organe ne peut pas s'observer lui-même, le nombre des neurones psychiques est assez grand pour qu'on puisse admettre que, dans l'introspection subjective, certains neurones reçoivent, enregistrent et rendent conscientes les impressions venues d'autres neurones. Et d'ailleurs sur quelle base positive pourrait-on étayer ce dogme? pourquoi certains neurones ne pourraient-ils pas être le siège de phénomènes psychiques conscients? pourquoi certains neurones ne s'observeraient-ils pas, ne donneraient-ils pas au moi conscient la connaissance du processus intrapsychique dont ils sont le siège?

Herbert Spencer a raisonné comme Auguste Comte quand il a émis cette proposition que Renouvier trouve « étonnante » : « l'acte mental, dans lequel le soi est perçu implique un sujet percevant et un objet perçu. Si donc l'objet perçu est le soi, quel est le sujet qui perçoit? Or, si c'est le vrai soi qui pense, quel est l'autre soi qui est pensé? *Evidemment*, une vraie connaissance de soi implique un état dans lequel le sujet et l'objet sont identifiés et cet état, c'est l'anéantissement du sujet et de l'objet. »

Avec Renouvier, on peut considérer cette négation dogmatique de l'autoobservation comme un « curieux spécimen d'un réalisme prodigieusement naïf en son absurdité ». Et Renouvier ajoute : « la donnée empirique de la conscience du moi, avec une représentation objective, quel que puisse être ou paraître l'objet représenté, est un fait antérieur et supérieur à toute autre affirmation possible et en est la condition ».

D'ailleurs Spencer, comme Auguste Comte, ne s'élève que contre l'usage *exclusif* de la méthode subjective en psychologie. Il remarque que « tous les mots de la langue psychologique, plaisir et douleurs, désir et crainte, amour et haine, sensation et image, souvenir, attention, volition n'ont un sens pour nous que grâce à l'expérience personnelle, que nous avons tous, des phénomènes qu'ils désignent ». Ce qui permet à Malapert de conclure, exprimant l'opinion philosophique classique : « ce qu'il faut maintenir, c'est que l'introspection est absolument nécessaire en psychologie, qu'elle est le procédé primordial, que rien ne saurait remplacer ».

Non seulement l'observation subjective constitue une des formes essentielles de la méthode positive ; mais encore elle constitue un élément important de cette méthode, en général — même dans ses formes les plus objectives.

D'abord nous avons déjà vu que la connaissance de soi est l'élément initial et primordial de toute connaissance (*Cogito* de Descartes), condition de la connaissance ultérieure du monde extérieur.

Nous avons vu ensuite que l'expérience extérieure ne doit pas arriver dans l'esprit comme sur un miroir ou une table rase : une préparation psychique antérieure c'est-à-dire un élément subjectif est absolument indispensable pour que puisse être faite une bonne observation extérieure. Cet *élément subjectif capital se retrouve au premier rang, à toutes les périodes de l'expérience extérieure :* c'est une des vérités scientifiques que Claude Bernard a le mieux mises en lumière dans son immortelle *Introduction à l'étude de la médecine expérimentale.*

La méthode positive, dans ses formes les plus objectives, telle qu'elle est employée dans les sciences expérimentales, apparaît constituée par trois stades successifs : 1° préparation psychique de l'observation (acquisition des données scientifiques antérieurement établies, raisonnement personnel sur ces idées antérieures) ; 2° observation et expérimentation ; 3° raisonnement (induction et déduction) sur les faits observés — ces divers stades étant, tous les trois, des actes essentiellement psychiques, dans lesquels intervient puissamment l'activité psychique personnelle de l'observateur.

A toutes ces phases de la méthode positive, l'élément subjectif apparaît dominateur et directeur. C'est l'idée du sujet observant qui mène tout.

« Tout ce qui n'est pas pensée, dit Poincaré dans la *Valeur de la science*, est le pur néant, puisque nous ne pouvons penser que la pensée et que tous les mots dont nous disposons pour parler des choses ne peuvent exprimer que des pensées ; dire qu'il y a autre chose que la pensée, c'est donc une affirmation qui ne peut avoir de sens. »

Loin d'exclure l'observation subjective du domaine de la méthode positive, il faut donc conclure au contraire qu'elle en est l'élément constant et essentiel, même dans les formes d'observation les plus objectives.

D'ailleurs, c'est un peu schématiquement que nous séparons — et semblons opposer — la méthode objective et la méthode subjective. Nous venons de voir qu'il n'y a pas de méthode objective sans élément subjectif ; on peut dire de même que l'élément objectif joue souvent un rôle dans les applications de la méthode subjective : role de contrôle et de perfectionnement ; de sorte que les deux méthodes, objective et subjective, se pénètrent habituellement et se conditionnent mutuellement ; et ainsi les illusions de l'introspection — que l'on serait tenté d'objecter à la méthode subjective — troublent aussi et faussent la méthode objective elle-même.

Dans l'illusion du bâton, qui paraît fléchi dans l'eau, ou dans l'illusion de la boulette, qui paraît double entre deux doigts entrecroisés, l'erreur subjective frappe une expérience objective. Enzo Bonaventura a étudié par la méthode expérimentale les illusions de l'introspection qui sont surtout des erreurs de mémoire ; ces erreurs faussent l'expérience objective aussi bien que la subjective. M. Paulhan, qui analyse ce travail dans la *Revue philosophique*, dit très justement, à la fin de son article : « je serais assez porté à croire qu'il y a plus d'illusions internes dans la perception extérieure même que Bonaventura n'en a vues et, d'autre part, je ne suis pas sûr que tous les cas qu'il donne comme représentant des illusions d'intros pection en soient bien réellement... Peut-être y a-t-il dans toutes nos erreurs une part d'illusion de l'introspection et cela me semble même assez vraisemblable. »

Aucun de nos procédés d'observation scientifique n'est infaillible ; c'est pour cela qu'il faut les contrôler les uns

par les autres. Mais de ce chef, on ne peut pas tirer d'objection à l'emploi de la méthode subjective.

En somme, l'étude vraie et complète des phénomènes
encéphalopsychiques a besoin des deux moyens d'investigation qui sont également positifs : la méthode objective
et la méthode subjective. Ce serait se priver d'un moyen
précieux de connaissance et même décapiter la science
du psychisme toute entière, que limiter l'étude du phénomène psychique humain aux seuls états de conscience ou
aux seuls états objectifs.

Les deux modes, subjectif et objectif, sont aussi
positifs l'un que l'autre.

Nous pouvons donc conclure que *la méthode positive
complète, c'est-à-dire subjective et objective, est en même
temps la méthode scientifique et la méthode philosophique.*

3. LA MÉTHODE PHYSIOPATHOLOGIQUE OU MÉDICALE.

Par la méthode, que nous avons vu être commune à la
science et à la philosophie, c'est l'*homme* que nous devons
étudier — et uniquement l'homme.

L'invasion, signalée plus haut, du dogme transformiste
et moniste a, dans toutes ces dernières années, égaré la
science et la philosophie humaines dans la science de tous
les autres êtres vivants jusqu'à l'amibe et de tous les
corps de la nature jusqu'au caillou. « La nature humaine
est interprétée en termes de protoplasme », a écrit
P. Chalmers Mitchell dans un livre que j'ai déjà cité. Pour
faire de la philosophie scientifique, il faut l'étayer, non
sur la biologie générale, encore moins sur la physicochimie, uniquement sur la biologie *humaine.*

Je ne conteste pas l'utilité — accessoire — que peuvent
avoir des études de physiologie comparée. Mais, particulièrement pour les fonctions psychiques humaines — base
des constructions philosophiques — l'étude comparée

des autres êtres vivants ne peut avoir qu'un intérêt très secondaire.

Pour un livre de philosophie scientifique, on pourrait prendre pour épigraphe cette phrase d'Auguste Comte citée par M. Lévy Bruhl : « l'homme est pour nous la principale unité biologique et c'est d'elle que part la spéculation dans cette science. »

L'étude positive, base de la philosophie scientifique, doit donc se faire sur l'*homme* ; il faut ajouter : doit se faire sur l'homme *vivant*.

Il est démontré aujourd'hui que la science de l'homme doit être orientée vers le penser physiologique — je l'ai déjà dit plus haut — bien plus que vers le penser anatomique qui a régné d'abord. Citant la « loi d'habitude » de Lamarck « la fonction crée l'organe », Le Dantec dit justement : « l'organe est défini par la fonction qu'il accomplit ». Le cerveau de l'homme — et par suite l'homme — est défini par sa fonction psychique.

Ce n'est donc pas le cadavre, c'est l'*homme vivant* que doit étudier la biologie humaine, base de la philosophie scientifique.

Aux mots « l'homme vivant », il faut ajouter : *bien portant et malade.*

En écrivant les *Nouveaux éléments de la science de l'homme*, Barthez a confondu en une seule la science de l'homme malade et la science de l'homme bien portant, et Claude Bernard a écrit cette phrase qui sert d'épigraphe à ma *Physiopathologie clinique* : « il n'existe qu'une science en médecine et cette science est la physiologie, appliquée à l'état sain comme à l'état morbide ».

On sait bien aujourd'hui que la maladie n'est pas l'opposé ou le contraire de la santé, que maladie et santé sont des modalités et aspects différents des mêmes fonctions, des mêmes propriétés de l'homme vivant. Les phénomènes pathologiques correspondent au fonctionnement de l'être vivant comme les phénomènes physiologiques ; ils sont de même nature. L'être vivant fonctionne suivant les mêmes lois générales à l'état normal et à l'état morbide. « L'état physiologique et l'état pathologique, a dit Claude Bernard, sont régis par les mêmes forces et ils ne diffèrent que par les conditions particulières dans lesquelles la loi vitale se manifeste. »

De plus, les deux domaines de la santé et de la maladie s'éclairent et se complètent mutuellement et il est impossible de connaître le vrai fonctionnement d'un être vivant bien portant, sans connaître le fonctionnement de cet être vivant malade, et réciproquement. L'histoire de l'homme malade et l'histoire de l'homme bien portant sont intimement liées ; elles sont étroitement solidaires ; il y a même des points de soudure tellement intimes qu'on ne peut plus distinguer l'une de l'autre. La maladie est surtout un mode d'expérimentation chez l'homme, qui éclaire vivement sa physiologie normale. C'est ainsi que la *clinique est aussi souvent l'auxiliaire que l'obligée de la physiologie.*

C'est ce que j'exprime en disant que la méthode positive en biologie humaine et en philosophie scientifique doit être physiopathologique ; *la biologie humaine se confond avec la physiopathologie c'est-à-dire avec la médecine.*

Cette doctrine, que j'ai longuement développée et appliquée dans ma *Physiopathologie clinique*, explique et excuse la signature d'un médecin en tête de mes derniers volumes et de celui-ci.

Dans un article, que j'ai déjà cité, de la *Revue scientifique*, M. Etienne Rabaud conteste la proposition que je viens de développer.

Toutes mes propositions sur la biologie humaine, qu'il combat, « procèdent, dit-il, de l'emploi d'une méthode *vraiment singulière*, qui consiste à confondre l'étude de l'homme avec celle de la médecine. Or, chacun remarquera tout de suite que les hommes n'ont pas le monopole de la maladie et que la médecine vétérinaire a précisément pour objet l'étude et les soins des animaux malades. En conséquence, l'étude de tous les auimaux devrait se confondre avec la médecine et plus rien, dès lors, ne distinguera la biologie humaine de la biologie animale. »

J'avoue humblement ne pas bien comprendre la portée de l'argumentation. Je n'ai jamais prétendu que les hommes aient le monopole de la maladie et j'apprécie, autant que quiconque, les services que les médecins vétérinaires — mes collègues à l'Académie de médecine — ont rendus à l'étude des grands animaux et de la physiologie en général. En quoi cela oblige-t-il à confondre toute la biologie animale dans la médecine humaine? et en quoi cela rend-il « singulière » la méthode que je préconise, la méthode de Claude Bernard, de tous les physiologistes et de tous les médecins?

« En vérité, continue M. Etienne Rabaud, avec ou sans épithète, la biologie ne se confond pas avec la médecine. Celle-ci s'occupe des organismes isolés, en vue de la conservation et du rétablissement de la santé. Elle a, certes, une importance pratique considérable, mais, en regard de la biologie tout entière, elle n'est qu'une bien petite partie. Ainsi comprise, la biologie humaine ne voit donc dans l'homme que l'individu, qu'une phase de la vie individuelle ; elle ne peut fournir que des vues inexactes et doit fatalement conduire à des conceptions où les tendances métaphysiques et les inclinations sentimentales jouent le rôle essentiel. »

Je n'ai jamais voulu confondre dans la médecine humaine la biologie « tout entière » ou la biologie « sans épithète» ; mais uniquement la biologie « humaine », c'est-à-dire une partie, « petite » si l'on veut, de la biologie «tout entière». Je n'envisage que l'individu humain, tel qu'il existe depuis un grand nombre de siècles ; si ce n'est qu'une phase de son existence (la phase humaine), elle est assez longue pour mériter une étude et justifier une science. En tous cas, comment cette limitation de l'étude à l'homme frappe-t-elle d'inexactitude toutes les conclusions ultérieures et comment doit-elle « fatalement conduire » à des conceptions purement « métaphysiques » et « sentimentales »?

Je ne vois dans l'argumentation de M. Etienne Rabaud aucune raison sérieuse d'abandonner la proposition développée dans ce paragraphe : la méthode positive de la science et de la philosophie scientifique doit être physio-pathologique c'est-à-dire se confond avec la méthode qui fait la base de la médecine humaine.

CHAPITRE III

SCIENCE ET PSYCHOLOGIE

1. La fonction psychique. Psy hisme supérieur et psychisme inférieur. — 2. Psychisme et conscience. — 3. Phénomènes psychiques et réflexes cérébraux. — 4. Phénomènes psychiques et phénomènes non psychiques réactionnels.

---

1. La fonction psychique. Psychisme supérieur et psychisme inférieur.

Dans les deux premiers chapitres, nous avons établi : 1º que les essais antérieurement faits pour rapprocher la science et la philosophie, pour faire une doctrine de philosophie scientifique, ont échoué parce que, sous l'inspiration du dogme transformiste et moniste, on prenait pour point de départ positif de la philosophie une science trop générale (biologie générale ou même physico-chimie) ; 2º que l'on peut, avec plus de chance de succès, entreprendre un nouvel essai de philosophie scientifique en prenant pour point de départ positif la science spéciale de l'homme ou biologie humaine ; 3º que, dans ce cas, la méthode à employer en science et en philosophie, c'est-à-dire en philosophie scientifique, est la méthode positive, subjective et objective, physiopathologique.

Je dois maintenant appliquer successivement ces principes à chacun des grands chapitres classiques de la philosophie, montrer ce que cette méthode positive peut donner en psychologie, logique, morale et sociologie — et indiquer ainsi succinctement ce que serait *le contenu d'une philosophie scientifique basée sur la biologie humaine.*

Et d'abord la psychologie.

Au point de vue où nous nous plaçons, on peut définir la psychologie la *science du fait psychique* ou du moins de la partie matérielle cérébrale du fait psychique, de ce que nous avons proposé d'appeler le *phénomène encéphalopsychique.*

Car, il faut le redire une fois pour toutes, restant résolument et exclusivement sur le terrain de la méthode et de la science positives, je n'ai pas à m'occuper — soit pour l'affirmer soit pour le nier — du rôle dans la pensée de l'*âme*, immatérielle et immortelle, des spiritualistes. Donc, toutes les fois que nous parlerons du phénomène psychique, nous voudrons toujours ne parler que de la partie corporelle de ce phénomène. Le mot « psychique » sera toujours pris dans le sens d'« encéphalopsychique ».

Je n'ai pas besoin d'insister pour montrer que cet élément corporel de la pensée est admis par les philosophes de toutes les écoles : les spiritualistes les plus convaincus admettent que c'est l'âme qui pense ; mais ils admettent aussi que dans les conditions physiologiques de notre vie sur la terre, l'âme ne peut penser qu'avec le cerveau, outil indispensable du fonctionnement de l'âme. Aucune école philosophique ne peut nier que l'intégrité et le régulier fonctionnement du cerveau sont la condition absolue de la pensée normale... Il y a donc une étude positive à faire du phénomène psychique : c'est l'objet de la psychologie en philosophie scientifique.

Pour définir le phénomène psychique, je ne tiens donc aucun compte du sens étymologique du mot (ψυχη, âme) et j'*appelle psychiques les phénomènes matériels du corps humain dans lesquels il y a de la pensée,* ce dernier mot ayant un sens accepté de tout le monde.

Dans le fonctionnement général du corps humain, le système nerveux est l'*appareil de l'énergie* ou le milieu énergétique de l'organisme : il reçoit l'énergie extérieure sous forme de lumière, son, mouvement mécanique..., il l'emmagasine et la transforme ; l'utilise, à l'intérieur du corps, pour toutes les fonctions de la vie quotidienne ; puis l'émet à l'extérieur sous forme de pensée, langage, mouvement.

Le système nerveux préside à tout dans la vie humaine : à la vie splanchnique (circulation, sécrétions, respiration, digestion, trophicité...) comme à la vie psychique, motrice, sensitive et sensorielle. Il régularise et unifie la vie individuelle tout entière, organise la lutte et la victoire contre les causes de maladie...

Anatomiquement (1), le système nerveux de l'homme est formé de centres (cellules des neurones) et de conducteurs (cellulipètes et cellulifuges) : ces derniers répondant à la fonction de réception de l'énergie extérieure, conduction de dehors en dedans, puis de dedans en dehors et émission ; les premiers répondant à la fonction d'emmagasinement, élaboration et transformation de cette énergie.

Physiologiquement, deux cas bien différents doivent être distingués et étudiés séparément : dans l'un, la transformation de l'énergie reçue est immédiate et immédiate aussi est son émission sous une autre forme ; c'est l'*acte réflexe* ; dans l'autre, la transformation de l'énergie est lente et l'emmagasinement prolongé ; plus ou moins retardée est aussi l'émission sous une autre forme ; c'est l'*acte psychique*. C'est ce caractère qui fait souvent qualifier l'acte psychique de spontané, par opposition à l'acte réflexe qui est provoqué. En tous cas, dans l'acte psychique, l'élaboration intraneuronique est beaucoup plus longue et plus complète ; la note personnelle du neurone intervient beaucoup plus.

Les phénomènes réflexes peuvent se produire partout où il y a des cellules neuroniques ; les phénomènes

---

(1) *Introduction physiologique à l'étude de la philosophie*. Préface de M. Benoist, Bibliothèque de philosophie contemporaine, 2º édition.

psychiques ont exclusivement leur siège dans l'écorce cérébrale, qui est l'organe matériel de la fonction psychique : le *psychique* ou *plutôt l'encéphalopsychique* — c'est le cérébral cortical.

Les actes psychiques doivent être divisés en *supérieurs* et *inférieurs* (1) : les premiers sont volontaires et conscients, les seconds sont automatiques et inconscients. Cette doctrine des deux psychismes, entrevue et indiquée antérieurement par divers auteurs, a été nettement formulée et scientifiquement établie par M. Pierre Janet (1889).

Dans cette caractéristique du psychisme inférieur, j'ai employé le mot « automatique », dont il est bon de préciser le sens.

Etymologiquement, un acte est dit automatique quand il *paraît* spontané, tout en étant soumis à un déterminisme rigoureux, sans variations et sans caprices. J'ai dit « paraît » spontané par ce que la spontanéité complète et vraie est un non sens scientifique : tout mouvement est une transformation d'un mouvement antérieur. Le canard de Vaucanson ne créait pas le mouvement ; il rendait seulement, sous une forme particulière, l'énergie emmagasinée dans ses ressorts ; mais il avait les apparences de la spontanéité c'est-à-dire qu'il différait d'une pompe qui a besoin d'être actuellement manœuvrée et actionnée extérieurement pour entrer en mouvement. L'acte automatique n'a pas besoin pour se produire d'une impulsion extérieure actuelle. C'est ce qui le distingue de l'acte réflexe et en fait un acte psychique.

En second lieu, qui dit acte automatique dit acte sans volonté libre. Est automatique un acte que le sujet ne peut pas modifier à son gré. Un automate ne peut pas ne pas jouer de la flûte s'il est construit pour cet exercice

(1) *Le psychisme inférieur. Etude de physiopathologie clinique des centres psychiques.* Bibliothèque de philosophie expérimentale, 2e édition.

et si on déclanche le ressort préalablement monté. Dès qu'on modifie volontairement un acte, cet acte cesse par là même d'être purement automatique ou machinal. Ce caractère distingue l'acte psychique inférieur de l'acte psychique supérieur.

Un exemple précisera mieux la différence qu'il y a entre les actes psychiques des deux ordres.

Comparez l'acte que j'exécute en écrivant cette page et l'acte qu'exécutera le dactylographe qui la copiera pour l'impression ou l'imprimeur qui la composera. Je concentre toute la force de ma pensée pour bien exposer ce que je veux faire comprendre, j'exprime de mon mieux les idées qui se présentent ainsi à mon esprit et je les écris en m'efforçant de conformer l'écriture à la pensée. Le dactylographe ou l'imprimeur ne fait aucun effort de pensée supérieure ; il ne se préoccupe pas des idées à émettre, ne fait même pas attention aux idées dont il copie l'expression.

Ces deux actes si différents sont cependant psychiques l'un et l'autre.

Le dactylographe ou l'imprimeur copie intelligemment, tient compte de la ponctuation, des alinéas, devine et complète certains mots dont quelques lettres sont obscures, mal écrites ou manquent ; il corrigera même quelques fautes de participe qui peuvent m'avoir échappé. Un illettré, un imbécile, une machine ne copieraient pas de la même manière. L'acte de taper ou de composer correctement est, par lui-même, complexe et implique de l'intelligence. C'est un acte automatique, inconscient, mais psychique, d'un psychisme moins élevé que celui de l'acte exécuté par moi.

Moi, je mets en action et mon psychisme inférieur et mon psychisme supérieur. Le dactylographe et l'imprimeur n'emploient, à la copie, que leur psychisme inférieur ; en même temps, ils peuvent appliquer leur psychisme supérieur à autre chose : ils peuvent, si ma copie ne les intéresse pas et tout en la copiant intelligemment, penser

à la partie de campagne qu'ils ont faite la veille ou projet-
tent pour le lendemain.

Il y a donc des actes psychiques complexes et des actes
psychiques simples, ces derniers devant être divisés en
supérieurs (volontaires et conscients) et inférieurs (automatiques et non conscients).

Cette distinction physiologique entre les actes psychiques supérieurs et les actes psychiques inférieurs est
aujourd'hui classique et unanimement acceptée. Mais, à la
suite, se pose une question bien plus difficile et controversée : correspondant à ces deux groupes d'actes psychiques y a-t-il deux groupes de *centres psychiques?* les
centres psychiques supérieurs et les centres psychiques
inférieurs sont-ils distincts?

D'après l'opinion la plus répandue — on peut même
dire l'opinion classique — cette distinction anatomique
n'existe pas ; les mêmes neurones peuvent, suivant les
cas, réagir en psychisme inférieur ou en psychisme supérieur. J'ai, au contraire, soutenu, dans plusieurs publications, notamment dans *Le psychisme inférieur,* l'opinion
inverse. Voici le résumé des principaux arguments en
faveur de notre manière de voir.

1. Depuis un demi-siècle, toutes les découvertes de la
neurologie établissent et confirment la doctrine des localisations dans tout le système nerveux ; la fonction encéphalopsychique est semblable aux autres. Les travaux
importants de Pierre Marie ont semblé d'abord ébranler
la doctrine des localisations cérébrales ; il n'en est rien ;
d'abord ils ne touchent pas aux localisations, autres que
du langage ; et, pour le langage lui-même, ils ont plutôt
modifié le siège des neurones spécialement affectés à cette
fonction que supprimé la localisation proprement dite.
Les actes psychiques supérieurs sont si différents des actes
psychiques inférieurs qu'il paraît *très probable* qu'il y a
des centres spéciaux pour chacun des deux groupes d'actes.

2. Quand un acte primitivement volontaire devient

automatique, son centre ne change pas de siège, comme on me l'a objecté : le siège se simplifie. D'abord l'entier psychisme collaborait et intervenait ; ensuite le psychisme supérieur s'est abstenu et l'inférieur a continué tout seul.

3. A l'état physiologique, le psychisme inférieur peut fonctionner, alors que le psychisme supérieur ne fonctionne pas : dans le sommeil, par exemple. Bien plus, les deux psychismes peuvent, dans la distraction par exemple, agir simultanément et dans des sens différents. Quand Xavier de Maistre, voulant aller à la Cour, se trouve à la porte de Mme de Haut Castel, à un demi-mille du Palais Royal, il faut bien que des neurones psychiques différents aient présidé à ses pensées et à sa marche. Ce fonctionnement distinct et séparé des deux ordres de centres se produit encore dans certains états de désagrégation psychique comme l'expérience des tables tournantes.

4. Si, comme on l'a dit, le développement du psychisme inférieur était uniquement le résultat de l'habitude rendant les neurones capables de réagir plus facilement à des excitations très faibles, on comprendrait mal la maladie affaiblissant le psychisme supérieur et exagérant les fonctions psychiques inférieures ; ce qui est cependant fréquemment réalisé. Cette démonstration se fait avec des névroses comme le somnambulisme et aussi, quoi qu'on en ait dit, avec des lésions organiques qui altèrent isolément une fonction ou une autre...

C'est cette *hypothèse vraisemblable* de centres distincts pour le psychisme supérieur et pour le psychisme inférieur que j'exprime dans un schéma très discuté, qui est un simple moyen facile d'exposition et non un essai d'explication ou de démonstration.

Un point O indique les centres psychiques supérieurs et une série de points formant polygone indique, au-dessous, les centres psychiques inférieurs...

Je reconnais d'ailleurs qu'au point de vue anatomique, il est encore impossible de localiser dans le cerveau tous ces divers centres. La guerre notamment, qui nous a

fourni un si considérable appoint de matériel anatomo-
clinique — confirmant toutes les anciennes localisations
— n'a fait en rien avancer cette question.

Quoi qu'il en soit de ces points relativement secon-
daires, la distinction des actes psychiques en supérieurs
et inférieurs doit présider à toute la psychologie scientifique. Toutes les fonctions psychiques particulières,
depuis la sensation jusqu'à l'imagination, la mémoire
et le raisonnement doivent être étudiées successivement
dans leurs manifestations de psychisme inférieur et dans
leurs manifestations de psychisme supérieur ou total.
C'est ce que j'ai essayé de faire dans mon *Psychisme
inférieur*.

Quels sont les moyens d'études des deux psychismes
et spécialement du psychisme inférieur isolé? Ce sont les
états de désagrégation psychique ou suspolygonale.

Ces états se divisent en : 1° états *physiologiques* de
désagrégation (sommeil, distraction, habitude, instinct,
passion, entraînement grégaire) ; 2° états *extraphysiolo-
giques* de désagrégation [hypnose (1), automatisme
moteur, transe des médiums, cristallomancie (2)]; 3° états
pathologiques de désagrégation (somnambulisme, automatisme ambulatoire, catalepsie, hystérie, tics ou
mauvaises habitudes motrices, certaines psychoses,
certaines lésions du cerveau)...

Pour terminer ce paragraphe, je n'ai plus qu'un mot à
lire sur le rôle de l'élément psychique dans le fonctionnement de tous les *grands appareils nerveux*.

D'après les principes énoncés plus haut, il faut classer
les grands appareils nerveux, non du point de vue anatomique mais du point de vue fonctionnel ou physiologique et les définir, non par leur situation topographique
dans le corps ou leur morphologie, mais par leur fonction.

(1) L'*hypnotisme et la suggestion* (Encyclopédie scientifique, 4° édit.).
(2) L'*occultisme hier et aujourd'hui* (Le *merveilleux préscientifique*,
2° édition).

Tous les appareils nerveux ainsi définis ont une partie psychique et par conséquent corticocérébrale.

Les centres psychiques n'interviennent pas toujours dans le fonctionnement des appareils nerveux ; mais ils font partie de ces appareils, peuvent intervenir et, en fait, interviennent souvent dans ce fonctionnement. La jambe peut être soulevée par réflexe (percussion du tendon sous-rotulien) c'est-à-dire sans intervention du psychisme et elle peut être soulevée volontairement c'est-à-dire avec intervention du psychisme. De même, la respiration se fait en général automatiquement ; mais le psychisme peut intervenir : nous pouvons alors modifier volontairement la respiration, l'amplifier, la retenir... L'acte réflexe, qui est, par définition, indépendant du psychisme, peut, dans un grand nombre de cas, être influencé par ce dernier.

Cela dit, on reconnaît immédiatement trois grands groupes de fonctions nerveuses et par suite trois grands appareils nerveux : fonctions et appareil *psychosensitivomoteurs* (sensibilité générale et motilité, orientation et équilibre, émotion et mimique, langage parlé et perçu), fonctions et appareil *psychosensoriels* (vision, ouïe, goût, odorat) ; fonctions et appareil *psychosplanchniques* (circulation, digestion, respiration, nutrition).

Enfin il y a aussi tout un groupe — non moins important — de fonctions purement *psychiques*, exclusivement intrapsychiques. C'est le groupe le plus intéressant pour le psychologue. Son existence et sa caractéristique apparaîtront plus évidentes à la fin du présent chapitre.

2. PSYCHISME ET CONSCIENCE.

La plupart des philosophes définissent le psychique par le *conscient* et confondent tous les phénomènes psychiques dans les états de conscience.

Pour William James, la psychologie — science natu-

relle des faits psychiques — est « la description et l'explication des états de conscience en tant qu'états de conscience... Par états de conscience, entendez les sensations,
désirs, émotions, connaissances, raisonnements, décisions,
volitions et autres faits de même nature. » Ce sont bien
là les faits que nous considérons comme psychiques.
Devons-nous dire qu'ils sont, nécessairement et par définition, toujours conscients?

Je crois que, si l'on se place sur le terrain physiologique
de la biologie humaine, on ne peut répondre que par la
négative et dire : *le phénomène psychique n'est pas nécessairement conscient.*

Avec Despine — et à peu près comme M. Malapert —
je définis la conscience « la connaissance, la perception
par le moi, par l'être qui se sent être, de ce qui se passe
dans sa personnalité, de ses propres actes, de lui-même »,
ou des impressions que produisent sur lui et en lui les
objets extérieurs. Or, il y a beaucoup de phénomènes
psychiques qui ne parviennent pas jusqu'à la connaissance par le moi, jusqu'à la conscience, qui restent au-
dessous du seuil de la conscience, subconscients (sublimi-
naux, dirait Myers), inconscients.

Dans sa crise, le somnambule exécute des actes absolument inconscients, dont il n'a pas connaissance et qui
cependant sont psychiques : il parle, raisonne, évoque des
souvenirs... Le medium en transe, le sujet plongé dans
l'hypnose sont parfaitement inconscients et cependant
ils exécutent des actes psychiques très variés et compliqués. De même, dans l'état de distraction : Archimède
sortant tout nu de sa baignoire et parcourant la ville
en criant Eureka, exécute des actes inconscients (il ne les
exécuterait pas s'il en avait conscience), qui sont cependant psychiques ; de même, l'individu qui rêve dans le
sommeil naturel...

Il y a donc, entre les actes psychiques conscients et
les actes psychiques non conscients, comme entre les
actes psychiques supérieurs et les actes psychiques infé-

rieurs (dont j'ai parlé plus haut), une distinction à faire, certaine et nécessaire, positivement établie depuis les travaux de M. Pierre Janet. On ne peut plus dire aujourd'hui que la « sensation consciente est le phénomène psychologique élémentaire » unique ; il faut admettre, avec Maine de Biran, « la sensation sans conscience » ; il faut s'habituer, comme disait Gerdy, « à comprendre qu'il peut y avoir *sensation sans perception de la sensation* » ou, du moins, si l'on veut définir la sensation par la perception consciente, qu'il peut y avoir *impression psychique centripète sans perception consciente.*

Goblot objecte : « les faits psychologiques inconscients ne sont pas des phénomènes puisqu'ils ne sont ni sensibles ni conscients ». — Ils ne sont pas conscients par définition, donc pas sensibles pour le sujet lui-même ; mais pourquoi ne seraient-ils pas sensibles pour les autres hommes? Les actes du somnambule rendent sensibles ses phénomènes psychiques qui sont inconscients. Les phénomènes de l'hypnose et de la transe des mediums, certains phénomènes du sommeil et de la distraction sont psychiques, inconscients et sensibles. Donc, *le fait psychique est observable scientifiquement, même s'il est non conscient.*

On peut étendre ces considérations et analyser les rapports de la conscience avec le phénomène nerveux en général.

Premier principe : *il n'y a de conscients que les faits psychiques.* Pour devenir conscient, un phénomène organique quelconque doit être transmis par le système nerveux aux neurones supérieurs, aux neurones psychiques les plus élevés, qui donnent l'impression consciente au moi ; donc, tout phénomène nerveux conscient est, par cela même, encéphalopsychique.

Deuxième principe : *tous les phénomènes psychiques ne sont pas nécessairement conscients.* Parmi les phénomènes nerveux, en général, les uns sont conscients, les autres ne le sont pas. C'est très net pour les phénomènes nerveux sensitivomoteurs (marche) comme pour les phénomènes nerveux splanchniques (digestion). Cette qualité de conscience ou de non conscience n'est pas indissolublement et constamment liée à certains phénomènes nerveux et toujours dans le même sens.

Il ne faut donc pas dire que les phénomènes nerveux se divisent en conscients et non conscients. Ils se divisent en *normalement et habituellement conscients* et *non conscients* ; ces derniers pouvant, dans certaines conditions physiologiques ou pathologiques, devenir plus ou moins clairement conscients. La conscience apparaît ainsi comme une qualité que les phénomènes nerveux peuvent présenter ou non, suivant que l'impression centripète provocatrice, dépassant les neurones des réflexes — même compliqués — remonte ou non jusqu'aux neurones les plus élevés, centres de la conscience.

Cette loi — de pénétration *possible* jusqu'aux neurones conscients — s'applique à tous les réflexes, quelle que soit leur complexité ; elle s'applique même aux réflexes cérébraux (que nous étudierons dans le paragraphe suivant) dans lesquels il y a du psychisme. L'acte réflexe peut être psychique sans devenir pour cela conscient.

L'acte psychique pur lui-même, intrapsychique, non réflexe, ne s'accompagnant d'aucune réaction motrice immédiate ou actuelle peut n'être pas conscient : c'est l'idée à élaboration polygonale, c'est le travail psychique non-conscient de l'état de sommeil, par exemple.

Entre les phénomènes conscients et les non conscients, il y a une différence de degré dans la diffusion nerveuse centrale.

De divers côtés, on a objecté à cette manière de voir que nous confondions la *mémoire* et la *conscience*, le défaut de mémoire et le défaut de conscience.

M. Pierre Janet a reproché avec raison à Despine de tirer des preuves de l'inconscience « du fait de l'oubli ». La mémoire et la conscience sont deux choses complètement différentes, qu'il faut distinguer. Mais la distinction de la mémoire et de la conscience ne justifie pas cette assertion, émise encore contre Despine, qu'un acte « n'est pas nécessairement inconscient parce qu'il est ignoré de moi ». J'estime au contraire que c'est là la définition de l'acte non conscient : *tout ce qui, en moi, est ignoré de moi est inconscient.* Il ne faut pas confondre un acte ignoré du sujet et un acte oublié par lui.

Ceci est tellement vrai que certains actes, ignorés du sujet — par conséquent non conscients — peuvent néanmoins pénétrer dans la mémoire. On trouvera de nombreuses preuves de ce fait dans le chapitre de mon *Psychisme inférieur* consacré à la mémoire polygonale...

On m'a fait la même objection pour les actes du somnambule et pour ceux du dormeur qui rêve : ce ne sont pas là, m'a-t-on dit, des actes inconscients ; ce sont des actes conscients, mais oubliés ; ils ont pénétré dans la conscience, mais pas dans la mémoire. A cela je réponds : la preuve qu'ils ont au contraire pénétré dans la mémoire, c'est qu'on en retrouve souvent le souvenir quand le sujet se retrouve dans le même état de somnambulisme ou de sommeil avec rêve. Si donc le sujet les ignore, ce n'est pas qu'ils n'aient pas pénétré dans sa mémoire, c'est parce qu'ils n'ont pas pénétré dans les neurones supérieurs de la conscience : le sujet les ignore quand il a sa connaissance vraie et consciente ; il ne les retrouve que quand, par le sommeil de ses neurones psychiques conscients, il n'a plus que les impressions des neurones psychiques non conscients.

Cette interprétation apparaît évidente quand les actes psychiques non conscients se produisent à l'état de veille, quand les neurones psychiques supérieurs et conscients sont distraits sur un autre sujet.

Dans la marche, je pense, je cause, je discute avec mes neurones conscients ; en même temps je fais les mouvements nécessaires des jambes et de tout le corps pour ne pas tomber, éviter les obstacles... avec mes neurones inconscients. Pendant cette promenade, je peux acquérir inconsciemment des souvenirs qui se révéleront plus tard au psychisme conscient... Ces phénomènes ignorés de moi ou non conscients ne doivent donc pas être confondus avec des phénomènes oubliés.

Je peux donc conclure qu'en admettant des faits psychiques non conscients, je ne confonds pas les faits oubliés avec les faits ignorés. J'appelle non conscients les faits ignorés du sujet, qu'ils aient ou non pénétré dans la mémoire et j'appelle conscients les faits intérieurs que le sujet a connus au moment de leur production, qu'ils aient été ou non oubliés par la suite.

Donc, quoiqu'en disent les classiques et la grande majorité des auteurs, *on ne peut pas définir le phénomène encéphalopsychique par la conscience.* Sont seuls conscients les phénomènes encéphalopsychiques qui ont leur siège dans les neurones psychiques supérieurs.

3. Phénomènes psychiques et réflexes cérébraux.

J'ai défini plus haut et bien distingué les phénomènes réflexes et les phénomènes psychiques. Dans ces dernières années, des neurologistes éminents ont défendu énergiquement l'opinion inverse et se sont efforcés de démontrer que les phénomènes encéphalopsychiques sont uniquement des réflexes cérébraux.

Toute la *Psychologie objective* de Bechterew, que j'ai déjà citée, est consacrée à la démonstration de cette doctrine. Dans la Préface, M. A. Marie déclare qu'il a « trouvé très convainquantes les preuves qui font rentrer les phénomènes de la vie mentale dans le schéma des réflexes cérébraux ». Et le traducteur du même ouvrage Kostyleff a basé sur le même principe son livre sur le *Mécanisme cérébral de la pensée.*

Il n'y a pas là une simple querelle de mots et une divergence superficielle pour le sens à donner aux mots.

C'est une question grave de méthode et de doctrine.

Ces auteurs s'appuient, pour établir la confusion entre les phénomènes réflexes et les phénomènes psychiques, sur la sériation continue qui unit les actes réflexes les plus simples aux réflexes les plus compliqués et ceux-ci aux phénomènes psychiques eux-mêmes ; ils appliquent ce principe que les termes extrêmes d'une série continue doivent être identifiés.

Alors on rapproche et on identifie dans le même groupe tous les phénomènes nerveux de l'homme, depuis le soulèvement du genou par la percussion du tendon sous-rotulien jusqu'à l'inspiration poétique et la conception artistique la plus élevée — et aussi tous les phénomènes observés dans la série animale et dans la série des êtres vivants, depuis l'amibe jusqu'à l'homme. — et même tous les phénomènes observés dans l'univers tout entier et on assimile l'acte moral humain le plus sublime à la chute d'un caillou ou aux vagues de la mer...

Nous retrouvons là une nouvelle forme et une nouvelle application des doctrines évolutionnistes imposées à la science et à la philosophie contemporaines par les dogmes transformiste et moniste.

Je ne dis pas que les auteurs cités plus haut admettent toutes ces conséquences de leur méthode de raisonnement, mais je montre où conduit cette méthode de raisonnement, entièrement déduite de ce postulat : deux termes d'une série sont identiques quand on peut les relier l'un à l'autre par une série continue de termes. Ceci est vrai de deux nombres entre lesquels il n'y a qu'une différence de quantité ; c'est vrai en général de termes variant dans un seul sens. Mais le principe n'est plus du tout applicable aux êtres vivants et aux phénomènes de la vie, qui diffèrent les uns des autres par plusieurs caractères de qualité et de sens différents...

Pour le cas particulier qui nous occupe actuellement, certainement la série des réflexes, de plus en plus compliqués avec des centres de plus en plus élevés, est considérable et très étendue : depuis le réflexe du genou jusqu'aux réflexes de défense que l'on observe par exemple chez une grenouille sans cerveau. Les neurones psychiques eux-mêmes peuvent être centres de réflexes : l'acte par lequel on répond instantanément à une insulte par une gifle peut très bien être, non réfléchi, mais réflexe.

Mais certains actes encéphalopsychiques se présentent avec des caractères qui ne permettent pas de les ranger parmi les réflexes : dans ces actes, s'il y a excitation provocatrice, elle n'est pas immédiate et instantanée comme dans le réflexe ; elle est très antérieure, complexe ; elle peut même manquer et la manifestation psychomotrice apparaît reliée uniquement à une excitation intraneuronale, intrapsychique, c'est ce qui constitue l'acte psychique spontané.

Comme je l'ai dit précédemment, en parlant d'acte « spontané », je ne veux pas parler de création d'énergie ; l'acte psychomoteur utilise l'énergie accumulée antérieurement dans le neurone pensant. Il est spontané en ce sens que l'énergie émise n'est pas de l'énergie reçue à ce même moment ou un instant très court auparavant.

Je reprends comme exemple l'acte que j'accomplis en écrivant cette page.

Certes il y a bien une impression excitatrice qui provoque mon acte : la vue du papier blanc, de l'encrier, de la plume, la conscience que j'ai une heure devant moi pour rédiger ce paragraphe, la lecture que j'ai faite des livres de Bechterew et de Kostyleff... Voilà bien des excitations provocatrices. Mon acte de rédaction et d'écriture serait un acte réflexe s'il était la réponse immédiate à ces seules causes. Mais il n'en est rien. Si j'écris cette page, c'est parce que les idées de Bechterew, lues il y a déjà plusieurs mois, ont fait impression dans mes neurones psychiques, y ont rencontré d'autres idées antérieures, conséquences de longues années d'observation et de méditation, ont provoqué un travail intraneuronal de discussion, de controverse et de réfutation... Tout cela (endogène) met l'excitation provocatrice exogène tout à fait au second plan, l'annule même.

En réalité, mon écriture n'est nullement provoquée par les impressions extérieures : j'ai volontairement cherché et réuni les ingrédients (papier, plume) nécessaires à mon acte ; j'ai libéré volontairement mon temps pour pouvoir écrire cette page... Le vrai et seul point de départ de mon acte psychomoteur est l'acte encéphalopsychique lui-même, l'acte intraneuronal. Cet acte encéphalopsychique ne peut donc pas être identifié à l'acte réflexe, même quand il se manifeste par un acte moteur.

A plus forte raison, la distinction doit-elle être maintenue et accentuée, quand l'acte psychique reste intrapsychique ; quand j'ai réfléchi, pendant de longs moments, il y a plus ou moins longtemps, aux idées que j'exprime actuellement, il y a eu une phase d'activité psychique indiscutable, mais silencieuse, qui n'était liée à aucune provocation extérieure et n'aboutissait à aucune manifestation extérieure, que l'on ne pouvait donc rattacher au réflexe par aucun lien, quelque tenu qu'on le suppose.

Le rôle actif, personnel, souvent isolé, du neurone psychique distingue absolument l'acte encéphalopsychique de tous les réflexes et ne permet pas de le confondre avec les réflexes cérébraux.

Les arguments de nos adversaires peuvent, en définitive, être groupés sous trois chefs : 1° les réflexes peuvent répondre aux impulsions psychiques ; 2° tous les phénomènes psychiques sont liés à une expression motrice centrifuge ; 3° tous les phénomènes psychiques peuvent être ramenés à une impression centripète (sensations motrices).

Je crois avoir répondu aux trois ordres d'arguments : les phénomènes psychiques peuvent être le point de départ de réflexes, mais ne sont pas pour cela des réflexes ; il y a des phénomènes psychiques sans expression motrice centrifuge et il y en a de spontanés c'est-à-dire sans impression centripète immédiatement provocatrice.

Pour assimiler l'acte psychique à un acte réflexe, il faut supprimer le phénomène intraneuronal, l'acte psychique lui-même. Et cet acte intraneuronal du phénomène psychique diffère absolument de l'acte intraneuronal du phénomène réflexe ; il en diffère par la durée, la complexité et la nature.

Instantanée dans le réflexe, la réaction motrice est très tardive dans l'acte psychique. Elle semble être très rapide dans la découverte d'Archimède, dans certains cas d'inspiration, mais, même dans ces cas, l'instantanéité n'est qu'apparente : c'est seulement après une longue préparation psychique qu'une circonstance fortuite et peu importante peut déclancher la révélation.

En tous cas, les antécédents et la personnalité propre du neurone réfléchissant interviennent puissamment dans l'acte psychique ; c'est là le caractère distinctif essentiel. La percussion du tendon sous-rotulien fait soulever la jambe de tous ceux qui ont leur arc réflexe intact ; la vue de la pomme qui tombe ne suggérera une découverte ou une loi qu'à un génie comme Newton.

En d'autres termes, dans l'acte psychique, l'activité propre, le rôle personnel du neurone pensant sont tellement importants et prépondérants qu'ils constituent l'essence même du phénomène encéphalopsychique, de l'idée ; la sensation provocatrice et l'expression motrice étant absolument accessoires et pouvant même manquer sans que le phénomène psychique cesse d'exister ; cette activité propre et personnelle du neurone psychique dépendant d'ailleurs de son hérédité, de son éducation, de sa nature propre et individuelle...

Comme je le disais au début de ce paragraphe, cette question, de minime importance en apparence, de la confusion ou de la distinction des phénomènes psychiques et des réflexes cérébraux a, en réalité, une importance philosophique capitale.

Parlant des notions nouvelles qu'il a apportées à la doctrine de la confusion, Kostyleff dit : « elles constituent d'ores et déjà la découverte du mécanisme cérébral de la pensée et ouvrent une ère nouvelle aussi bien pour la psychologie que pour la psychiatrie et même pour la synthèse philosophique de nos connaissances ». En assimilant les phénomènes psychiques aux réflexes cérébraux, on trouve constamment aux premiers des réactions motrices et alors on pense donner plus de précision à leur étude en faisant porter l'analyse scientifique sur ces réactions, objectives et mesurables, du psychisme. « La réduction des phénomènes mentaux à l'activité réflexe du cerveau... constitue un progrès très réel de la synthèse philosophique. Un des résultats les plus marquants de ce progrès sera de supprimer l'apparence du prétendu indéterminisme de la vie psychique. »

La question du libre arbitre apparaît elle-même résolue par cette assimilation du phénomène psychique au réflexe cérébral. « Les penseurs les plus pénétrés de la méthode scientifique penchaient quelquefois pour l'indéterminisme, préférant celui-ci à l'assimilation complète de l'homme aux animaux et à la matière brute. La découverte du mécanisme cérébral de la pensée supprime cette odieuse alternative, révélant une détermination aussi exacte que dans le monde extérieur mais comprenant aussi des facteurs moraux qui ont un équivalent objectif dans le fonctionnement de ce mécanisme. »

Contrairement à cette manière de voir, je crois — scientifiquement — que la confusion de l'acte psychique avec le réflexe cérébral n'amène ni précision plus grande dans l'analyse psychologique ni facilité plus grande dans la conception du libre arbitre, facteur du déterminisme humain.

Le phénomène psychique humain peut, en lui-même, en dehors de toute réaction ou manifestation motrice, être étudié scientifiquement, par la méthode positive et expérimentale, avec tout autant de précision que dans

5

ses formes extériorisées. J'ai développé cela à propos de la méthode positive subjective (chapitre II).

L'acte psychique lui-même intraneuronal est objet possible d'analyse scientifique ; son étude ne doit donc pas être confondue avec celle de l'acte réflexe (réflexe cérébral) dans lequel la réaction motrice extériorisée est un élément constituant, essentiel et inévitable.

La confusion de l'acte psychique avec le réflexe cérébral ruinerait l'idée mère fondamentale de ce livre, à savoir la possibilité d'étudier, en biologie humaine, — en philosophie scientifique et positive — le phénomène psychique humain considéré comme un phénomène tout à fait distinct et à part

4. Phénomènes psychiques et phénomènes non psychiques réactionnels.

Les travaux et les idées de Bechterew et de Kostyleff, que j'ai cités et discutés dans le précédent paragraphe, peuvent — et doivent — être rapprochés de ceux déjà cités dans le chapitre II (de la méthode) émanant des adversaires de la méthode subjective.

Tous les auteurs, partant de ce fait — vrai — que les phénomènes psychiques ne sont pas mesurables comme les autres phénomènes biologiques, se sont efforcés de remplacer l'étude de ces phénomènes psychiques par l'étude, plus objective et plus facilement démontrable, des phénomènes non psychiques réactionnels qui accompagnent souvent les phénomènes psychiques.

J'ai démontré que cette substitution n'est pas possible, que l'étude des phénomènes psychiques doit être faite directement, positivement et scientifiquement, sans les tambours enregistreurs de Marey ; il ne faut pas confondre — il faut au contraire soigneusement séparer — les phénomènes *psychiques* d'un côté, les phénomènes *non psychiques réactionnels* ou *sparapsychiques* de l'autre.

Je ne reviens pas sur cette démonstration.

Mais il n'en reste pas moins établi — de constatation également scientifique — que très souvent les phénomènes psychiques s'accompagnent de phénomènes non psychiques extériorisés (moteurs, vasomoteurs...). Ces phénomènes non psychiques ont une réelle importance ; il est indispensable de les étudier, notamment de montrer les rapports qui les unissent aux phénomènes psychiques qu'ils accompagnent.

C'est à cette étude sommaire que sera consacré ce paragraphe.

Pour montrer l'importance de ces phénomènes non psychiques révélateurs de phénomènes psychiques, je rappellerai d'abord que ce sont ces phénomènes non psychiques qui permettent de connaître et d'analyser les phénomènes psychiques inconscients. Ensuite et surtout ces phénomènes accompagnent et manifestent à l'extérieur la joie, la tristesse et en général les émotions : une émotion active précipite la circulation, la respiration, provoque des sécrétions...

Ces phénomènes non psychiques extériorisés sont habituellement désignés par les auteurs sous le nom de phénomènes « physiologiques ». J'ai déjà dit que je n'accepte pas cette désignation et cette opposition de « physiologiques » à « psychologiques », parce que les phénomènes encéphalopsychiques sont tout aussi physiologiques que les non psychiques. D'autres auteurs réservent pour les phénomènes non psychiques la qualification de « non conscients », par opposition avec les phénomènes psychiques, qui, pour ces auteurs, sont tous conscients. On sait que je n'accepte pas cette opposition : il y a des phénomènes psychiques tout aussi inconscients que les phénomènes non psychiques.

Nous nous contenterons donc d'appeler ces phénomènes « non psychiques réactionnels » ou parapsychiques, c'est-à-dire liés à des phénomènes psychiques.

Quels sont donc les rapports qui unissent les phénomènes psychiques aux phénomènes non psychiques qui les accompagnent?

Le rapport le plus habituel est celui que le bon sens indique ; le phénomène psychique est le fait initial, qui entraîne les faits non psychiques, logiquement et chronologiquement postérieurs et que pour cela nous appelons réactionnels. Si c'est là l'ordre de filiation le plus habituel, on observe aussi l'ordre inverse ; et j'ai pu écrire un article sous ce titre : *ceux qui pleurent parce qu'ils sont tristes et ceux qui sont tristes parce qu'ils pleurent.*

En effet, il y a des malades chez qui, sans motif psychique, plutôt à la suite d'un effort musculaire, de mouvement d'un bras paralysé, survient une sorte de crise convulsive de pleurs ; alors souvent l'idée triste se développe dans le cours ou à la suite de cette crise de pleurs ; ces malades deviennent tristes parce qu'ils ont pleuré.

Dans l'hypnose, on voit aussi l'émotion succéder à la mimique, être engendrée par la mimique. On donne par exemple à un sujet endormi l'attitude de la prière ou de la colère; on fait ainsi naître dans son esprit des idées de prière ou de colère ; *l'acte précède et provoque l'idée.*

Enfin cette provocation de l'émotion par la mimique a été observée, au moins sur certaines personnes, à l'état physiologique. On rapporte, dit James, que Campanella quand il voulait connaître ce qui se passait dans l'esprit de quelqu'un, contrefaisait de son mieux la physionomie et l'attitude de cet homme, en concentrant en même temps sa pensée sur ses émotions propres. De même, Burke dit : « j'ai souvent observé qu'en imitant l'apparence et les gestes de personnes en colère, placides, effrayées ou audacieuses, j'arrivais involontairement à tourner mon esprit dans la direction de la passion dont j'essayais de reproduire l'expression...

J'ai multiplié ailleurs (1) les exemples établissant que,

(1) *Physiopathologie clinique*, t. III, p. 653.

dans un certain nombre de cas, les phénomènes non psychiques peuvent précéder et provoquer les phénomènes psychiques eux-mêmes. Mais il n'en faut pas moins se rappeler que ce n'est pas là l'ordre le plus habituel et le plus fréquent. La généralisation de ces faits serait une erreur.

C'est une généralisation erronée de ce genre que certains auteurs ont faite — à tort — pour établir la théorie pathogénique de l'*émotion*.

Comme les auteurs cités précédemment, Lange, que nous a fait connaître M. Georges Dumas, veut donner à l'étude de l'émotion un point de départ scientifique et, pour cela, il remplace l'introspection de la conscience par l'étude des caractères objectifs. Ces caractères objectifs sont précisément les phénomènes non psychiques que nous étudions et qu'il considère comme cause de l'émotion.

Voici, par exemple, ce qui, d'après le professeur de Copenhague, se passe sous l'influence d'une cause de joie : 1° connaissance de l'événement heureux ; 2° divers phénomènes non psychiques, tous sous la dépendance de la circulation ; 3° émotion psychique qui est la *conséquence* de la conscience de ces variations organiques.

De même pour William James, les changements non psychiques (circulatoires...) suivent immédiatement la perception du fait existant et le sentiment que nous avons de ces changements, à mesure qu'ils se produisent, c'est l'émotion. « La formule la plus rationnelle consiste à dire : nous sommes affligés parce que nous pleurons, irrités parce que nous frappons, effrayés parce que nous tremblons... toute humeur, affection ou passion que je ressens est bien réellement constituée par ces changements (phénomènes non psychiques) que nous appelons d'ordinaire son expression ou sa conséquence et elle est faite de ces changements. »

Sergi généralise encore cette même théorie et l'étend aux émotions les plus élevées, telles que les émotions

altruistes et les émotions esthétiques, morales et religieuses.

Je résume la critique de ces théories, que j'ai développée
ailleurs.

1. C'est d'abord une erreur de la psychologie contemporaine de croire se donner une base plus scientifique en
remplaçant les données de l'introspection par les données
objectives des appareils enregistreurs, qui complètent
bien — mais ne remplacent pas — l'étude psychologique.

En parlant des anciennes théories de l'émotion, Lange
dit : dans ces théories, « la joie, la tristesse, la colère sont
des énergies mystérieuses, qui s'expriment par les mouvements qu'elles impriment au corps ». Le mystère ne sera
pas moindre si les mouvements précèdent cet acte psychique conditionnel qu'on ne peut pas supprimer. « On se
contente vraiment de trop peu, continue-t-il, quand on
explique la pâleur de l'angoisse en disant que l'angoisse
fait pâlir. » Ne sommes-nous pas vraiment obligés de nous
contenter d'aussi peu, quand, avec Lange, nous disons
inversement que c'est la conscience de notre pâleur qui
nous angoisse?

La rigueur d'un tracé entraîne et prouve la précision
du phénomène enregistré. Mais c'est une illusion de croire
qu'elle entraîne la précision des phénomènes à côté. Or,
le phénomène psychique de l'émotion est à côté des phénomènes non psychiques que l'on enregistre dans cette
même émotion.

2. Supprimez tous les phénomènes non psychiques dans
une émotion, disent Lange et James : l'émotion n'existe
plus. Soit. Cela prouve que ces phénomènes sont des éléments constitutifs essentiels de l'émotion, qu'ils sont
nécessaires ; mais cela ne prouve pas qu'ils soient suffi-
sants pour constituer l'émotion ni surtout qu'ils soient
antérieurs aux phénomènes psychiques.

3. Il y a des émotions avec des phénomènes non psychiques tellement réduits qu'ils sont latents ou méconnus,
alors que l'émotion est intense. L'intensité de l'émotion

n'est en rien proportionnelle à l'intensité des phénomènes non psychiques. Cela apparaît nettement dans les émotions délicates de James : émotions altruiste, esthétique.

4. Il n'y a pas une série de types spéciaux de phénomènes non psychiques correspondant, un à un, aux différents types spéciaux d'émotion — ce qui devrait être dans la théorie que je discute. Des phénomènes non psychiques communs, banaux, toujours les mêmes, expriment des émotions très diverses : le frisson et la chair de poule expriment la peur, l'horreur, l'admiration intense. On rougit ou on pâlit, le cœur se précipite par des émotions absolument opposées.

François Franck, qui a étudié expérimentalement de très près les phénomènes non psychiques a montré qu'ils varient, non suivant la qualité mais uniquement suivant la quantité des émotions. Il n'a pas pu créer d'émotion vraie en faisant naître des troubles circulatoires analogues à ceux de l'émotion.

5. En pathologie, ce qui fait la maladie de l'émotion, ce n'est pas le degré plus ou moins grand des phénomènes non psychiques, mais le degré de l'émotivité, fonction essentiellement psychique. Celui qui rougit facilement n'en devient malade que si son psychisme affaibli se laisse dominer par l'erythrophobie.

6. L'acte psychique, nécessaire à la constitution de l'émotion, peut d'ailleurs être très rapide et inconscient mais il existe toujours, fût-ce dans le psychisme inférieur, où on sait parfois en retrouver la trace et le souvenir.

7. Sollier et Sherrington ont ajouté des faits de physiologie expérimentale pure qui ne peuvent trouver place dans un livre comme celui-ci, mais qui permettent de dire que tous les physiologistes sont unanimes pour combattre les idées de Lange, James, Sergi.

Je terminerai par cette conclusion d'un travail de M. Piéron sur la « théorie des émotions et les données actuelles de la physiologie»: la théorie, «qui veut s'opposer à la conception périphérique de l'émotion, n'est pas pour

cela, comme on le répète toujours, une théorie spiritualiste ; elle reste tout aussi physiologique, mais c'est une
théorie centrale ». Elle voit dans l'émotion « un phénomène mental, gardant son individua ité au même titre
que les phénomènes intellectuels et qui engendre des
réactions organiques dont la répercussion peut avoir une
influence sur l'émotion même, mais qui n'est pas engen-
dré par les réactions. Et, au point de vue de la genèse des
émotions, les faits se pressentent, dans cette conception,
de façon singulièrement plus cohérente et plus simple ».

En somme, il n'y a, pour comprendre ces phénomènes
complexes, qu'à leur appliquer les règles ordinaires du
système nerveux humain en général.

Quand une impression vient de l'extérieur, elle arrive
au cerveau, produit sensation, image... émotions ; le
phénomène psychique émotion est ainsi constitué par
l'excitation de certains neurones corticaux. En même
temps, dans les cas complets, la même impression s'étend,
de là, aux centres optostriés pour la mimique et aux centres mésocéphaliques de la circulation, de la respiration,
de la digestion, des sécrétions : ainsi se développe l'élé-
m nt non psychique vaso-moteur, moteur... et l'émotion
est constituée complète c'est-à-dire avec ses éléments
psychiques et ses éléments non psychiques.

D'une manière générale, les divers groupes de centres
neuronaux, qui s'influencent, peuvent, suivant le cas, le
faire dans les deux sens : leur action est réciproque.

Le plus souvent, dans l'émotion, c'est l'élément psychique qui déclanche l'élément non psychique et le sujet
pleure parce qu'il est triste. Dans certains cas, plus rares,
le déclanchement se fait en sens inverse : c'est l'élément
non psychique qui commence et met en jeu l'élément
psychique : le sujet est triste parce qu'il pleure, notamment
dans certaines lésions de la région optostriée.

Mais, dans les deux cas c'est-à-dire toujours, l'élément
psychique existe, bien distinct et indépendant de l'élé-

ment non psychique. Cet élément psychique, qui a ses centres spéci ux, ne peut dans aucun cas être remplacé par l'élément non psychique : *l'émotion naît et meurt en même temps que son élément psychique.*

Il est donc scientifiquement impossible de remplac r l'étude du phénomène psychique par l'étude, même très détaillée et précisée avec enregistreurs du phénomène non psychique.

Mais, tout en ne pouvant pas être mesuré comme les autres phénomènes biologiques, le phénomène psychique peut être scientifiquement étudié par la méthode positive subjective — cette étude étant d'ailleurs très utilement complétée par l'étude positive objective des phénomènes non psychiques corrélatifs ou réactionnels.

CHAPITRE IV

SCIENCE ET PSYCHOLOGIE (*Suite*)

1. Les grands caractères spécifiques du psychisme humain. — 2. La loi de finalité biologique humaine. — 3. Origine des idées : idées endogènes et idées exogènes.

---

1. LES GRANDS CARACTÈRES SPÉCIFIQUES DU PSYCHISME HUMAIN.

Dans un article déjà cité de la *Revue scientifique* sur — ou plutôt contre — la biologie humaine, M. Étienne Rabaud dit : « l'étude, ainsi menée en dehors de tout parti pris et indépendamment de préoccupations étrangères à la recherche scientifique, montre des hommes incontestablement différents des autres animaux, mais *ne différant pas plus d'eux que chacun de ceux-ci ne diffère du voisin* ». Au cours de son argumentation, insistant sur la diversité des êtres divers englobés sous le nom d'homme, il demande qu'on précise « de quels hommes il s'agit. Sera-ce des Lapons, des Hottentots, des Boschimans, des Pygmées, des Européens, des Africains, des Asiatiques? Si donc ces hommes forment ensemble la même espèce, nous nous trouvons en présence d'une variabilité intense qui ne s'accorderait guère avec une fixité très ancienne, ni peut-être très durable; et, s'ils forment plusieurs espèces, sont-elles également anciennes, également fixes ? Faut-il en exclure quelques-unes de la biologie humaine ou les y admettre toutes? Dans le premier cas, nous séparerons certainement des semblables, car tous les hommes ont des traits communs ; dans le dernier cas, nous réunirons certainement des contraires ; car, entre les hommes, existent des divergences fort importantes ».

Certes, je ne dis pas que tous les hommes soient identiques ; je pense même qu'il y a beaucoup plus de différences entre les divers hommes qu'entre les divers individus d'une autre même espèce animale (l'identité étant encore plus grande entre deux cristaux de même espèce). Ce type personnel de l'individu humain est déjà un caractère qui sépare l'homme des autres animaux.

Mais, à côté de ces divergences entre les hommes et entre les groupes d'hommes (races, peuples...) il y a des caractères communs qui permettent de les rapprocher tous dans une seule et même espèce.

J'ai déjà dit que l'homme est défini par sa fonction psychique : c'est dans l'analyse de cette fonction psychique que nous trouvons les deux grands caractères essentiels qui spécifient l'homme : *la supériorité intellectuelle* et la *fonction de progrès indéfini*.

La fonction psychique de l'homme est incomparablement supérieure à la fonction psychique des animaux, c'est-à-dire des êtres vivants les plus proches de lui.

Ce qui le prouve nettement, c'est la maîtrise intellectuelle que l'homme a prise de l'univers malgré son infériorité évidente à tous les autres points de vue. Il apprivoise, domine, utilise pour son service, son alimentation ou son bien-être, des animaux dont la force physique écraserait aisément plusieurs hommes réunis, si cette force physique était dirigée par une force psychique égale à celle de l'homme. Non seulement l'homme, grâce à son intelligence, domestique le cheval, mate le taureau et l'éléphant, mais il triomphe du microbe plus facilement que le lion du moucheron.

De même, il asservit la matière. Alors que ses sens sont très bornés, sa vue bien inférieure à celle de l'aigle, son orientation bien inférieure à celle du pigeon, son odorat bien inférieur à celui du chien, il étudie et utilise, bien autrement que les animaux, la lumière, la chaleur, la force mécanique, tous les modes de l'énergie cosmique.

Il découvre et utilise des rayons qu'il ne voit pas et ne sent pas, en d çà du rouge et au delà du violet. Alors qu'aucun de ses sens ne perçoit l'électricité, il la connaît et la manie de mille manières. De même, il adapte à ses besoins et à son service les ondes hertziennes qu'il est incapable aussi de percevoir directement et grâce auxquelles il parvient à porter secours aux naufragés en plein désert océanique...

C. Saint-Saëns, dans la *Revue scientifique*, et divers critiques m'ont objecté des faits très curieux d'intelligence des animaux et d'adaptation remarquable à des conditions nouvelles de milieu. Certes, je ne nie pas — et il serait ridicule de nier — le psychisme des animaux, mais il serait encore plus ridicule et faux de nier leur notoire infériorité intellectuelle par rapport à l'homme. Leur automatisme psychique est aussi fort, souvent plus fort, que celui de l'homme ; mais leur psychisme supérieur est, par là même, infi iment moins puissant.

Ce caractère est un élément essentiel, constitutif, de l'homme, dans tous les lieux et de tous les temps. *On ne conçoit pas l'homme sans cette supériorité psychique.*

Comme dans toutes les espèces fixées, les organes de l'homme ne changent pas, ne se sont pas perfectionnés depuis son apparition sur la terre ; on ne p ut pas dire que notre œil voie plus loin et que notre oreille entende mieux, que l'œil et l'oreille de nos ancêtres, il y a dix mille ans. Notre appareil psychique lui-même ne paraît pas s'être perfectionné ; du moins, nous ne pouvons pas faire la preuve d'une s périorité acquise de notre cerveau sur le cerveau de l'homme des cavernes...

C'est ce que Rémy de Gourmont a appelé la loi *de constance intellectuelle.*

A l'appui de sa manière de voir, de Gourmont cite

une série de découvertes anciennes et, en tête de ces faits qui prouvent l'importance de l'intelligence des premiers hommes, « le premier, le plus considérable, celui qui domine, non seulement toute notre histoire sociale, mais aussi et d'abord toute notre histoire biologique, c'est la découverte du feu. Cette découverte est le fait de génie le mieux caractérisé dont l'homme puisse se vanter... Toutes les espèces animales se sont trouvées en présence du feu, mais le feu ne leur a pas parlé ; le feu n'a parlé qu'à l'homme seul. Quand l'homme jette un morceau de bois dans le foyer spontané qui va s'éteindre, il fait acte de génie humain... aucune tentative analogue n'a jamais été constatée (chez les animaux). Des voyageurs ont pu apercevoir un grand singe se chauffer à quelque foyer naturel et artificiel ; aucun n'a eu le spectacle d'un chimpanzé ou d'un gibbon entretenant volontairement un brasier, encore moins essayant d'obtenir mécaniquement l'étincelle productrice du feu... Le chat et le chien savent cacher en lieu sûr le surplus de leur nourriture ; on n'en vit jamais d'habiles à faire glisser dans le foyer la bûche qui l'entretiendrait : *l'homme seul a le génie du feu* ».

A partir de l'heure mémorable où il a fixé et entretenu le feu, « *l'homme n'est plus un simien ; il n'est plus un primate : il est l'homme* ».

A la suite de cette découverte très ancienne, Rémy de Gourmont en cite une série d'autres remarquables : l'utilisation du silex (depuis le couteau jusqu'au burin), l'aiguille, l'art de filer, le levier, le plan incliné, le premier laboureur... « Voilà des gestes dans lesquels il y a bien du génie. Ils équivalent aux plus beaux mouvements de pensée d'un Lavoisier ou d'un Pasteur. » Pendant toutes ces périodes, les anciennes comme les modernes, « le génie humain se montre toujours semblable à lui-même ».

Donc, les organes de l'homme sont restés les mêmes depuis le jour où il a été constitué homme et dès cette même époque s'est affirmé le fait, bien établi ce me semble, de sa supériorité psychique, caractère essentiel, non seulement de l'homme actuel, mais de l'homme à toutes les époques et dans tous les lieux, depuis qu'il existe comme homme — et quelle qu'ait été son origine première (transformation, création).

Au point de vue biologique, l'homme sans son intelligence n'est plus l'homme vrai et complet, l'homme tel que le définit la science positive. Le fou qui n'a plus l'esprit à lui, même le somnambule, qui, momentanément privé de son psychisme supérieur, volontaire et conscient, est réduit à son automatisme psychique... ne sont pas des hommes complets et normaux au sens biologique du mot. Le psychisme supérieur est — et a toujours été — la caractéristique essentielle de l'homme et de l'espèce humaine.

Je passe au second grand caractère spécifique de l'homme espèce fixée : *la faculté de progrès intellectuel indéfini.*

Comment faut-il définir cette faculté et comment la concilier avec la loi de constance intellectuelle exposée dans le paragraphe précédent?

Ce progrès dominateur indéfini, qui est indiscutable et que les conquêtes incessantes de la science signent si éloquemment, consiste essentiellement dans la faculté qu'a le psychisme de l'homme d'accumuler et d'utiliser les découvertes et les acquisitions psychiques des générations et des siècles antérieurs.

Toutes les grandes découvertes des premiers hommes que nous avons rappelées d'après Rémy de Gourmont sont restées acquises pour toutes les générations ultérieures.

Cette faculté n'existe pas chez les animaux, même les plus élevés. La ruche des abeilles et l'organisation sociale des fourmis sont très remarquables à bien des points de vue mais ne marquent aucun progrès, aucun changement dans un sens quelconque, depuis les plus anciennes descriptions. Le contact avec la vie humaine a pu développer et perfectionner chez quelques animaux un certain nombre de réflexes nouveaux de défense : les chiens se font moins souvent écraser qu'au début de la circulation des automobiles ou des tramways ; mais il est impossible de prouver un progrès vrai, réel, acquis, et persistant dans toute l'espèce : le poisson a nagé de tous temps et ne nage pas mieux qu'autrefois, de même que l'oiseau a volé de tous temps et ne vole pas mieux qu'autrefois.

Nativement bien inférieur au poisson et à l'oiseau à ces points de vue, l'homme a conquis cette faculté de se mouvoir librement dans l'eau et dans l'air, en découvrant le sous-marin et l'aéroplane. De même, grâce au microscope et au téléphone, il voit des dimensions et entend à des distances inaccessibles à ses sens naturels...

Les exemples individuels et plus ou moins exceptionnels de grande intelligence chez quelques animaux ne peuvent pas être considérés comme les équivalents de ce progrès indéfini, constaté dans l'espèce humaine.

La démonstration me paraît évidente, à la fois de l'infériorité originelle de l'homme et de sa supériorité croissante par la force de son intelligence et de ses facultés psychiques. C'est bien là un caractère spécifique de l'homme : seul, l'homme est capable d'un progrès intellectuel indéfini, grâce à l'accumulation des acquisitions successives de l'humanité antérieure. Chaque génération apparaît, comme on l'a dit, dès sa naissance, hissée sur les épaules du géant que forment toutes les générations passées et dont la taille s'accroît constamment. Le point de départ de chaque génération est ainsi plus élevé que celui de la génération précédente ; et alors le même effort progressif conduit chaque génération plus haut et plus loin que la précédente.

Si les expériences de Galvani et de Volta n'avaient pas été faites et surtout si leurs successeurs n'avaient pas eu, pour point de départ de leurs propres travaux, les faits acquis par Galvani et par Volta, nous n'aurions aujourd'hui ni le télégraphe, ni la lumière électrique.

Et il ne faut pas confondre les acquisitions successives, conservées dans l'esprit humain par l'enseignement, le livre, l'éducation... avec les acquisitions ancestrales que certaines espèces peuvent présenter et qui sont congénitales héréditairement chez tous les individus de cette espèce.

D'une manière générale, c'est le caractère spécifique de l'homme qui rend la science possible et nous retrouvons ainsi le principe posé au chapitre II de la méthode : si chaque expérimentateur partait de la table rase, il n'arriverait à rien, quel que soit son génie. Depuis la découverte de la production et de la conservation du feu jusqu'à Pasteur, tout s'enchaîne dans la construction progressive de la science ; toutes les nouvelles découvertes sont conditionnées par les précédentes.

Le second caractère spécifique de l'homme peut donc aussi être formulé ainsi : *la faculté de fonder et de transmettre la science.*

M. Étienne Rabaud a combattu la conception, développée dans ce paragraphe, de caractères spécifiques de l'homme, tirés de l'étude du fonctionnement de son psychisme.

« La supériorité intellectuelle de l'homme, dit-il, constituerait un fait d'observation et aurait la valeur d'un caractère spécifique, s'il ne s'agissait que d'indiquer par elle une différence de degré entre certains hommes et d'autres animaux. Mais il s'agit en réalité de marquer entre eux une différence telle qu'on ne puisse trouver, nulle part ailleurs que chez l'homme, les phénomènes comparables à l'intelligence humaine. Et de rechef je demande alors : de quel homme parlons-nous? Certes si, regardant le sommet du développement intellectuel, nous le comparons à celui de la brute, il ne semble exister entre les deux aucune commune mesure. Cette comparaison suffit-elle? Ne tiendrons-nous pas compte d'hommes moins développés? »

Je crois avoir répondu, notamment en ne prenant pas le génie comme caractère spécifique de l'humanité et en citant les faits relevés par Rémy de Gourmont. Les caractères psychiques de l'homme (supériorité intellectuelle et faculté de progrès indéfini) appartiennent à l'homme le plus ancien comme à l'homme actuel, à l'homme de développement moyen et même à l'homme de développement psychique inférieur à la moyenne (je ne parle pas de l'idiot et de l'imbécile qui sont des malades, des anormaux). Il y a certes des différences entre les époques et les races comme entre les individus. Mais ces différences portent sur le degré d'application, non sur l'existence, de ces facultés psychiques, spécif ques, de l'homme.

Quant à la question des hommes fossiles dont parle ensuite M. Étienne Rabaud, de l'*homo neanderthalensis*, à la question de savoir si c'était un homme, un singe, un être intermédiaire, je ne m'en occupe délibérément pas. On n'a de renseignements que sur sa morphologie. Or, nous avons dit que ce point de vue n'a aucune importance pour le problème que nous envisageons. On n'a — et on ne peut avoir — aucun renseignement sur sa physiologie, spécialement sur ses fonctions psychiques. Or, c'est là le seul point qui importe. Les caractères fonctionnels spécifiques que j'ai étudiés sont ceux de l'homme constitué. Et, je le répète, quelle qu'ait été son origine (transformation ou création), il est fixé depuis assez longtemps dans le type que je caractérise pour qu'on puisse en faire l'étude scientifique et positive — indépendante de la science de la période préhumaine.

Les mêmes remarques répondent aux arguments que M. Étienne Rabaud développe et qui sont tous appuyés sur les analogies et les ressemblances anatomiques ou morphologiques.

Revenant ensuite aux caractères spécifiques fonctionnels eux-mêmes, M. Étienne Rabaud dit : « ne retrouve-t-on pas chez (les animaux) les mêmes particularités intellectuelles que chez l'homme? » et il étudie surtout notre troisième caractère spécifique (dont nous ne parlerons qu'au chapitre de la morale) : le libre arbitre, point sur

6

lequel mes affirmations le « laissent confondu » ; et de
nouveau il me conteste le droit de comparer des résultats
de la méthode subjective d'observation chez l'homme aux
résultats de la méthode objective d'observation chez les
animaux...

Je pense pouvoir conclure ce paragraphe par deux citations de P. Chalmers Mitchell et de M. Bergson.

« Écrivant, comme un évolutionniste darwinien impénitent, comme quelqu'un qui aime le scalpel et le microscope et l'observation empirique patiente, qui déteste
toutes les formes du supranaturalisme et qui ne recule
même pas devant la phrase célèbre de Cabanis que le
cerveau sécrète la pensée, comme le foie sécrète la bile »,
P. Chalmers Mitchell s'engage « dans une discussion sur
la différence précise entre l'homme et l'animal ». Il admet
que nous « sommes des singes légèrement modifiés. Un
physiologiste ou un anatomiste, affranchi de préjugés et
prenant une attitude tout à fait impartiale, n'assignerait
même pas à l'homme une valeur générique dans son système de classification. Nous savons néanmoins que l'*homme
est en possession d'une qualité toute particulière* qu'on
appelle conscience et sentiment de liberté... *Aucune doctrine sur l'origine*, ni aucune preuve évidente en faveur de
celle-ci, *ne pourrait effacer la distinction entre l'homme et
la bête.* »

Et M. Bergson : « de ce que deux cerveaux, comme
celui du singe et celui de l'homme, se ressemblent beaucoup, on ne peut pas conclure que les consciences correspondantes soient comparables ou commensurables entre
elles. Mais ils se ressemblent peut-être moins qu'on ne le
suppose. Comment n'être pas frappé du fait que l'homme
est capable d'apprendre n'importe quel exercice, de fa-
briquer n'importe quel objet, enfin d'acquérir n'importe
quelle habitude motrice, alors que la faculté de combiner
des mouvements nouveaux est strictement limitée chez
l'animal le mieux doué, même chez le singe? *La caracté-*

ristique cérébrale de l'homme est là... (Le cerveau de
l'homme) diffère des autres cerveaux en ce que le nombre
des mécanismes qu'il peut monter et par conséquent le
nombre des déclics entre lesquels il donne le choix, est
indéfini. Or, du limité à l'illimité, il y a toute la distance
du fermé à l'ouvert. *Ce n'est pas une différence de degré,
mais de nature.* » Et plus loin : «notre cerveau, notre
société et notre langage ne sont que les signes extérieurs
et divers d'une seule et même *supériorité interne. Ils disent,*
chacun à sa manière, le succès unique, exceptionnel, que
la vie a remporté à un moment donné de son évolution.
Ils traduisent *la différence de nature, et non pas seulement
de degré, qui sépare l'homme du reste de l'animalité.* Ils
nous laissent deviner que si, au bout du large tremplin
sur lequel la vie avait pris son élan, tous les autres sont
descendus, trouvant la corde tendue trop haute, *l'homme
seul a sauté l'obstacle.* »

Les considérations, développées dans ce paragraphe
sur les caractères spécifiques du psychisme humain et
par conséquent de l'homme, nous conduisent à formuler
la *loi de finalité biologique humaine* et à montrer en quoi
elle diffère de la loi de finalité biologique de tous les
êtres vivants et en général des autres lois communes à
tout l'univers.

2. LA LOI DE FINALITÉ BIOLOGIQUE HUMAINE.

De tout ce que nous savons maintenant il résulte que
l'homme est soumis à des lois de trois ordres : lois physicochimiques, lois biologiques générales, lois biologiques humaines.
Comme tous les corps de la nature, l'homme est soumis aux *lois physicochimiques* : une grosse pierre, tom-
bant sur lui, l'écrase et le détruit mécaniquement, un fer
rouge le brûle, un fort courant l'électrocute...

Comme tous les autres êtres vivants, l'homme est, en plus, soumis aux *lois biologiques générales*, qui ne sont pas en contradiction avec les lois physicochimiques, mais qui orientent leur action dans le sens de la finalité biologique : conservation et défense de la vie et de l'individu dans la forme des ancêtres et pour la conservation et la défense de l'espèce. Si le corps étranger n'est pas assez chaud pour le brûler et le détruire, ou pas assez lourd pour l'écraser et le tuer, l'homme se défend et maintient sa température ou son équilibre ; si, même, il y a eu commencement d'action nocive, il la répare... C'est ce que j'ai appelé la défense antixénique chez tous les êtres vivants...

En plus de ces lois physicochimiques (communes à l'homme et au monde inanimé) et de ces lois biologiques générales (communes à l'homme et à tous les êtres vivants), l'homme, spécifié par les caractères que j'ai indiqués dans le paragraphe précédent, est soumis aussi à des *lois biologiques humaines*.

Ces lois biologiques humaines, qui correspondent à ce qu'il y a de spécial dans les réactions de l'homme vis-à-vis de son milieu, se résument tout d'abord dans la *loi de finalité biologique humaine*, qui est différente de la loi de finalité biologique de tous les êtres vivants.

La loi de finalité biologique générale ou de tous les êtres vivants se résume en cette formule : conservation et défense de l'individu et de l'espèce ; cette conservation et cette défense ayant pour but, ou au moins pour résultat, le maintien de l'individu et de l'espèce, non seulement dans la même forme, mais dans *la même fonction*, depuis le jour, où l'espèce est constituée et fixée jusqu'au jour où elle disparaît : la vie de l'abeille et de la fourmi est ainsi la même et se maintient la même depuis que ces espèces existent sous forme d'abeille et de fourmi.

Pour l'homme il n'en est plus de même : depuis que l'espèce humaine existe à l'état fixe, la forme et les organes de l'individu n'ont pas changé ; mais *sa fonction et sa vie ont complètement changé*. C'est ce qui constitue les caractères spécifiques (surtout le second) dont j'ai parlé dans le précédent paragraphe. De là résulte que la loi de finalité biologique humaine n'est plus une loi de piétinement, de conservation et de défense de l'espèce dans la même fonction, mais une *loi de progrès continu et indéfini, non de l'individu, mais de l'humanité ou de la société humaine.*

Si l'histoire enregistre de malheureuses époques où des cataclysmes matériels ou des invasions de barbares ont momentanément arrêté, retardé ou même renversé la marche progressive de l'humanité, cela ne prouve rien contre les caractères spécifiques de l'homme et contre la loi de finalité biologique humaine qui en découle.

Comme tous les autres êtres vivants, l'homme doit entretenir, défendre et transmettre sa vie individuelle afin de maintenir et défendre la vie de son espèce. Mais, comme la vie de l'espèce humaine comporte, non le stationnement dans les vieilles habitudes des générations antérieures, mais le progrès psychique continu et indéfini, l'individu humain ne doit pas seulement entretenir et défendre sa vie pour maintenir et défendre l'espèce ; il doit aussi collaborer de son mieux au progrès psychique indéfini qui est la loi propre de l'humanité, soit par son travail personnel, soit en aidant les autres hommes dans leur travail personnel de progrès humain : *loi de participation personnelle de chaque individu humain à la vie de progrès psychique continu et indéfini de l'humanité.*

On remarquera que ce progrès, psychique c'est-à-dire intellectuel et scientifique dans son point de départ et dans son essence initiale, s'étend, par ses applications, à toutes les formes de la vie humaine : bien-être, longévité, défense contre la maladie... Et ainsi tous les membres de la société humaine profitent de ce progrès comme ils en sont, tous, à des degrés divers et sous des formes diverses, les artisans et les auteurs.

De là découlent pour *tous* les hommes des *devoirs biologiques* spéciaux sur lesquels nous reviendrons au cha-

pitre de la morale et qui se résument dans la *loi de solidarité et d'entr'aide sociales.*

Pour les animaux la réalisation du but biologique de
l'espèce paraît simple : obéissant à leur instinct, ils n'ont
qu'à appliquer — et appliquent nécessairement —
leur automatisme héréditaire et leurs dispositions ancestrales ou naturelles pour défendre leur vie et celle de leur
espèce : c'est une *loi de stabilité sans liberté.* Pour l'homme,
la chose est singulièrement plus compliquée à cause du
libre arbitre et de la loi de progrès indéfini de l'humanité,
qui impose des devoirs tout particuliers : c'est une *loi
de progrès et de liberté.*

C'est là la base et le point de départ de la morale et
de la sociologie humaines que nous retrouverons dans les
chapitres suivants.

3. ORIGINE DES IDÉES : IDÉES ENDOGÈNES ET IDÉES EXOGÈNES.

« Le problème de l'origine des idées est le problème
de l'origine même de la connaissance et engage toute la
philosophie. » En fait, on sait combien la question a occupé et divisé les philosophes de toutes les époques :
sans parler de la grande querelle entre réaux et nominaux
et du problème des universaux, les doctrines sensualistes,
positivistes, évolutionnistes, empiristes, — idéalistes,
intellectualistes... ont été tour à tour défendues et com-
battues sous diverses formes et différents noms, chacun
admettant ou repoussant une ou plusieurs de ces caté-
gories que Descartes désignait sous les noms d'idées
adventices, idées factices, idées innées...

Je n'ai, bien entendu, pas la compétence voulue pour
discuter ces diverses doctrines et n'ai nulle envie de le
faire ; mais il est impossible de ne pas rencontrer la question
de l'origine des idées quand — comme nous le faisons ici
— on tâche de préciser tout ce qui, en philosophie, peut
être étudié par la méthode positive.

Comment cette vieille et toujours neuve question de l'origine des idées se pose-t-elle en philosophie scientifique, c'est-à-dire dans une *doctrine philosophique qui étudie l'idée sous toutes ses faces, tout en restant toujours sur le terrain de la science positive expérimentale?*

La première et capitale question se présente ainsi d'une manière très précise au biologiste humain : toutes nos idées viennent-elles des sens ou par les sens? les sens sont-ils la seule origine des idées, qui seraient, toutes ainsi, exogènes?

On sait que l'affirmative a été soutenue et par des écoles en apparence assez différentes les unes des autres.

Les scolastiques ont dit que « toutes les idées viennent par les sens ». L'abbé Elie Blanc, qui cite cet axiome scolastique « il n'est rien dans l'intelligence qui n'ait été d'abord dans les sens », ajoute qu'il n'est pas « de la meilleure époque » et qu'il demande une « juste interprétation ».

Locke considère l'esprit comme une « table rase, où les choses viennent simplement marquer leur empreinte. Plus d'idées innées, plus de principes à priori, il n'y a dans l'entendement d'autres éléments que ceux qu'apporte la sensation ». C'est le principe de Condillac : *nihil est in intellectu quod non fuerit in sensu.* Et Hume, ajoute M. Milhaud, « est conduit par une analyse profonde de la loi de causalité, loi fondamentale dans les sciences physiques, à déclarer qu'elle se réduit à une simple habitude d'esprit ».

De même, Auguste Comte ne cesse de voir dans les conceptions les plus hautes de la pensée scientifique « de simples abstractions dégagées du monde concret et, dans ses notions en apparence les plus éloignées de toute réalité sensible, des propriétés des choses directement fournies par l'expérience. C'est là, à ses yeux, la condition essentielle pour que l'idée ait droit de cité dans la science »; à défaut de ces « éléments de positivité », elle « devient une chimère ». Ainsi disparaissent la connaissance et l'étude des notions absolues et nécessaires. Les notions absolues paraissent à Comte complètement impossibles et il ne voudrait en garantir aucune. « La philosophie positive n'admet rien d'absolu », dit M. Lévy Bruhl. « Il n'y a rien d'absolu en ce monde ; tout est relatif », écrit Auguste Comte, dès 1818, à son ami Valat.

Tout à fait analogues sont la doctrine des associationnistes et la doctrine des évolutionnistes.

Pour la première de ces écoles, dit Liard, « raisonnements, jugements, concepts, même ceux qui semblent le plus éloignés des premiers résultats de l'expérience et que nous qualifions d'universels et de nécessaires, se réduisent par une analyse progressive en éléments empiriques, tantôt réunis d'une façon temporaire, tantôt soudés en couples et en ensembles indissolubles par le fait de l'association... Tout s'explique, a dit Hartley, par les sensations primitives et la loi de l'association... Aperçue d'abord là où elle était le plus en relief, la loi de l'association est apparue peu à peu comme la loi universelle du mécanisme intellectuel tout entier » : « elle explique, dit Ribot, tous les faits intellectuels, non à la manière de la métaphysique qui réclame la raison dernière et absolue des choses, mais à la manière de la physique qui ne recherche que leur cause seconde et prochaine. »

Voulant aller plus loin que Locke et Kant en conciliant leurs doctrines et reconnaître avec l'un que la pensée est innée à l'individu, avec l'autre que toute pensée vient de l'expérience, Herbert Spencer rapporte « à l'expérience illimitée de la race humaine et des organismes inférieurs, desquels elle est sortie par voie d'évolution, ce que Locke attribue à l'expérience de chaque individu, ce que Kant déclare irréductible ». Et ainsi « l'intelligence, innée dans chaque individu, serait une lente acquisition de la race ».

C'est l'idée qu'exprime M. Regnaud dans son *Précis de logique évolutionniste* quand il dit que ces principes sont « affaire d'instinct héréditaire et d'expérience personnelle ».

Ribot a brillamment développé la même doctrine : « il importe de remarquer, dit-il dans l'*Évolution des idées générales*, que le passage des cas particuliers à la généralisation et finalement à l'universalisation du concept de cause, au sens rigoureux, ne s'est fait que peu à peu... La croyance en une loi universelle de causalité n'est pas un don gratuit de la nature, mais une conquête... Cette notion n'en reste pas moins une conception tardive, ignorée de la plus grande portion du genre humain... le transport de cette loi (de causalité) à tout le connu et l'inconnu ne s'est produit que peu à peu et, même de nos jours, il n'est pas complet, achevé. En un mot, la loi de causalité universelle est la généralisation de lois particulières et reste un postulat. »

L'analyse et la critique de ces diverses doctrines empiristes s'imposent d'autant plus à notre attention qu'elles se donnent, au moins dans leurs formes dernières et contemporaines, comme l'expression et la conclusion de la science positive et expérimentale.

En restant sur ce terrain scientifique, positif et expérimental, doit-on dire que toutes nos idées viennent des sens et par les sens? Je ne le crois pas et vais résumer la démonstration que j'ai faite de cette manière de voir dans mes *Limites de la biologie.*

Les sens nous donnent directement des idées *particulières*, l'idée d'objets particuliers. De là, comment passons-nous aux idées *générales*? en rapprochant, comparant, généralisant, abstrayant... Nous arrivons ainsi à établir des rapports dans le temps et dans l'espace entre les diverses sensations particulières et nous parvenons jusqu'aux lois de la science expérimentale.

Mais nous avons vu plus haut, au chapitre II de la méthode, que l'observation scientifique ne doit et ne peut pas être faite par un esprit dépourvu d'idée antérieure. La table rase serait un état lamentable pour le chercheur qui observe scientifiquement. L'idée personnelle est nécessaire chez l'expérimentateur avant toute expérience utile.

Cette idée personnelle vient en grande partie des acquisitions faites par les générations antérieures et transmises au savant soit par l'hérédité, soit par l'instruction et l'éducation. Cette partie de l'idée peut être attribuée à l'expérience et par suite aux sens des générations antérieures et ne peut pas être objectée à l'axiome *nihil est in intellectu...*

Il y a une autre partie de l'idée préexpérimentale qui ne vient pas des ancêtres par une voie quelconque, mais qui vient directement du cerveau, du savant qui observe et expérimente : c'est l'idée personnelle, l'intelligence, le talent ou le génie, de l'observateur. Ces idées-là ne viennent pas directement des sens. Mais on peut cependant encore les rattacher indirectement à cette origine extérieure, la conception psychique de l'observateur pouvant être considérée comme dérivant de son expérience sensorielle antérieure et de celle de ses ancêtres.

D'ailleurs ces considérations s'appliquent au cerveau, déjà fort compliqué, du savant instruit et chercheur. Pour discuter utilement la question qui nous occupe, il faut envisager le cas plus simple de l'observation élémentaire.

En se plaçant sur ce terrain, on voit facilement que, même chez l'homme le moins développé par son âge ou son éducation, tout raisonnement et toute généralisation supposent l'application, consciente ou inconsciente, mais réelle, de principes primordiaux essentiels, absolus et universels, comme le principe d'identité et de contradiction et le principe de causalité qui sont nécessaires et par suite antérieurs à toute espèce d'expérience et de raisonnement.

Il est impossible de dire que ces idées universelles nous viennent des sens et par les sens. L'accumulation des sensations et des observations ne peut jamais faire naître soit le principe d'identité et de contradiction soit le principe de causalité.

Pour éviter les redites, je renvoie au chapitre suivant, qui étudie les rapports de la science et de la logique et la valeur des sciences mathématiques et géométriques, tout ce qui a trait au premier de ces principes, et je ne retiens, pour la discussion actuelle, que le *principe de causalité*.

Il me paraît facile de démontrer que *le principe de causalité ne peut pas venir des sens*, être le résultat de l'expérience, puisqu'*il est la condition même de toute expérience* et par conséquent doit être antérieur à toute expérience.

Pour Stuart Mill, le principe de causalité serait « un résultat d'expériences uniformes accumulées ». Il « déclare expressément que la loi de causalité universelle, loin de précéder dans notre esprit les lois particulières de la nature, les suit et les suppose ; et c'est à ces lois elles-mêmes qu'elle emprunte, suivant lui, l'autorité dont elle a besoin pour les garantir ».

Cette manière de voir est insoutenable au point de vue scientifique et positif, puisque, je le répète, le principe de causalité est indispensable pour tout raisonnement quelconque de comparaison, d'induction et de généralisation : Si d'un fait expérimental ou d'un certain nombre de faits expérimentaux analogues, on conclut à la vérité générale de ces observations particulières, on applique le principe de causalité et, sans lui, on ne pourrait rien induire, on ne pourrait pas passer, en science, du particulier au général.

Comme l'a très bien dit Fouillée, « ce n'est pas introduire dans la science une conception intruse et parasite que de poser la non-contradiction et la causalité comme universellement applicables à tout ce qui est du domaine de la connaissance ».

Le point de départ du principe de causalité est si peu dans l'expérience que l'on peut dire, avec M. Boutroux, que, nulle part dans le monde concret et réel, le principe de causalité ne s'applique rigoureusement ; et « il est impossible, dit Liard, d'établir expérimentalement ce soi-disant résultat de l'expérience ». Et cependant nous le maintenons comme *vrai*, en face du *réel*, presque en contradiction avec le réel que nous fait connaître l'expérience.

J'ai donc le droit, au nom de la science positive et expérimentale, de déclarer nécessairement antérieure à toute expérience, je ne dis pas la *connaissance*, mais *l'existence*, dans notre esprit, du principe de causalité.

Car il est bien entendu — c'est un point sur lequel je vais revenir — que je ne prétends pas que tout enfant ou tout homme qui commence à raisonner et à généraliser connaît le principe de causalité et l'applique *consciemment*. Une pareille assertion serait une absurdité que personne n'a jamais soutenue. Mais je dis et je maintiens que le principe de causalité existe nécessairement au fond de tout esprit qui raisonne et généralise. Il n'est donc pas arrivé dans notre esprit par les sens et par le raisonnement.

On ne peut pas plus dire que le principe de causalité a été acquis par les sens de nos ancêtres, par l'expérience ancestrale, que les premiers hommes ne l'avaient pas et qu'il a été expérimentalement acquis par les générations humaines successives.

Fidèle à l'idée directrice de ce livre, ne me préoccupant ni des périodes préhumaines ni des espèces qui ont précédé ou préparé l'apparition de l'homme sur la terre, je dis — et je crois que c'est là une proposition évidente — que le raisonnement est un des caractères spécifiques de l'homme : dès que l'homme a existé comme homme, il a raisonné et par conséquent appliqué le principe de causalité. Ce principe existait donc dans son esprit dès sa constitution d'homme.

Si ce principe n'avait pas existé dans les premières générations humaines, il ne serait jamais venu dans l'esprit humain, puisque l'expérience accumulée ne peut pas le donner, et alors les hommes d'aujourd'hui ne pourraient pas plus raisonner et généraliser que leurs premiers ancêtres.

L'évolution ne peut pas plus que l'expérience individuelle produire le principe de causalité, puisque l'accumulation du particulier, que ce soit chez le même individu ou à travers les familles et les générations, ne peut
jamais permettre de franchir le fossé qui le sépare de l'absolu.

« Ou bien, comme on l'a dit, les notions universelles
sont en germe à l'origine de l'évolution ; alors celle-ci
ne les crée pas, elle les développe et les formes de la pensée
ont un commencement absolu ; ou bien elles apparaissent
à un degré quelconque de l'évolution ; alors elles ne sont
pas davantage un produit de l'évolution et, dans ce cas
encore, elles ont un commencement absolu. »

En somme, ni le nombre, ni même la totalité des phénomènes ne constituent l'absolu. Donc, conclut Liard,
« le double principe qui est le nerf de toute recherche
et de toute induction est antérieur à l'expérience ». (Ce
double principe est le principe de causalité dont je viens de
parler et le principe d'identité et de contradiction que nous
allons retrouver au chapitre suivant de la logique).

Ainsi est réfutée, pour l'origine des idées universelles,
aussi bien la doctrine évolutionniste que la doctrine asso-
ciationniste.

Voilà donc un grand groupe d'idées — et d'idées de
première importance — qui ne viennent pas à l'esprit
humain par les sens : ce sont les idées universelles, nécessaires et absolues, condition de toute généralisation,
antérieures par conséquent à toute expérience et à tout
raisonnement, inductif ou déductif.

Il y a une autre idée non moins importante et non
moins primordiale qui ne vient pas à l'esprit humain
par les sens : c'est l'*idée du moi*, que nous avons vue
être la première conçue par l'esprit et condition, elle aussi,
de toute connaissance extérieure. C'est par l'opposition
au moi que nous comprenons le monde extérieur. Pour
acquérir les idées particulières venues des sens et par les

sens, le sujet doit avoir d'abord conscience de soi-même.

De plus, ce n'est pas par un raisonnement quelconque que chacun a l'idée de soi : c'est par une sorte d'intuition, de conscience. L'idée du moi est antérieure dans l'esprit aux idées universelles ou, plus exactement, elle ne nécessite pas, pour exister, la présence dans l'esprit de ces idées absolues.

Il y a donc là, en réalité, deux grands groupes indépendants d'idées humaines, qu'il faut poser comme ne venant pas par les sens. Comment et par quelle voie ces idées arrivent-elles dans l'esprit? Voilà la question à résoudre sur le terrain et par la méthode scientifiques.

C'est évidemment par l'observation intérieure ou subjective que nous *découvrons* en nous d'abord l'idée du moi, puis les idées universelles. Si nous n'avions pas, d'abord et avant tout, l'*intuition* de quelques *évidences*, comme notre propre existence et les principes universels, il nous serait impossible de rien tirer de nos sens, de profiter de l'expérience extérieure, de raisonner, généraliser...

On peut donc dire que les idées, qui se trouvent dans l'esprit sans être passées par les sens, arrivent tout de même à notre *connaissance* par l'*expérience*, mais par l'expérience *intérieure*, tandis que les idées d'origine sensorielle arrivent par l'*expérience extérieure*. Donc, *toutes nos connaissances viennent par l'expérience*, soit intérieure (*endogènes*), soit extérieure (*exogènes*)...

Il y a d'ailleurs un autre groupe d'idées endogènes qui naissent dans le cerveau par un processus purement intrapsychique sur lequel nous avons insisté plus haut (chapitre III) en montrant la différence qu'il y a entre les phénomènes psychiques et les réflexes cérébraux.

Pour ne pas dénaturer la portée et la vraie signification des propositions qui précèdent, je dois revenir, en insistant, sur une idée déjà indiquée plus haut : il faut distinguer la question de l'*origine réelle* des idées et la question *du moment de leur révélation à l'intelligence humaine.*

Les idées endogènes primordiales dont j'ai parlé précèdent nécessairement les idées exogènes dans l'esprit : elles y *existent* et sont appliquées dès la naissance même de l'esprit ; mais cela n'implique pas que l'homme en ait *conscience* et les *connaisse* aux mêmes dates ; longtemps il les applique sans s'en rendre compte ; beaucoup de gens raisonnent toute leur vie sans jamais comprendre et connaître les principes qu'ils appliquent inconsciemment.

On confond souvent l'*existence* et la *connaissance* des idées endogènes et alors on formule à la doctrine que nous défendons des objections d'apparence grave.

Ainsi à l'origine non-sensorielle et présensorielle des idées universelles M. Binet objecte, dans la *Psychologie du raisonnement*, que « cette connaissance des complexes (des principes universels du raisonnement) manque à la plupart des hommes » et que, chez ceux qui la possèdent, elle « s'est formée plus tard, par une lente accumulation d'inductions partielles ».

On voit comment la confusion des termes conduit à l'erreur de fond.

Certes la *connaissance* de ces principes manque à la plupart des hommes ; mais cela n'empêche pas que ces principes *existent* dans l'esprit de *tous* les hommes sains d'esprit et sont appliqués par tous les hommes dès qu'ils raisonnent et tant qu'ils raisonnent. Il est absolument inexact de dire que chez ceux qui les possèdent ces idées se sont « formées plus tard par une lente accumulation d'inductions partielles ». La connaissance — ou la prise de possession par la conscience — de ces idées est toujours tardive ; mais dans aucun cas on ne peut dire que leur existence est la conséquence d'une série quelconque d'inductions partielles, puisqu'elles sont antérieures à toute induction et qu'aucune induction ne peut se faire sans elles.

Donc, pour les grandes idées endogènes primordiales, il faut soigneusement séparer la question de leur origine réelle et la question du moment de leur révélation à l'intelligence de l'individu. Jusqu'à présent, c'est surtout — ou même exclusivement — la seconde de ces questions que nous avons envisagée, quand nous avons dit que toutes les idées sont expérimentales. Le problème de l'origine réelle des grandes idées endogènes primordiales reste donc encore insuffisamment et incomplètement creusé et résolu. Comment pouvons-nous aborder ce dernier côté de la question sans faire de la métaphysique, c'est-à-dire en restant sur le domaine positif et scientifique?

Sur ce terrain et avec sa méthode, le biologiste humain ne peut que constater le *fait* de l'existence de ces idées dans l'esprit humain et se demander : comment ces idées se trouvent-elles dans l'esprit dès la naissance de l'individu et dès la constitution de chaque esprit humain?

La seule réponse possible est celle-ci : *ces idées sont dans l'esprit comme des idées-lois essentielles, éléments constitutifs de l'esprit humain.*

Cette formule n'a pas la prétention d'être une explication. Elle constate simplement un fait, que l'on peut rapprocher d'autres analogues déjà connus.

En science expérimentale, on ne donne pas l'explication finale et intime des faits ; mais on peut rapprocher les faits nouveaux que l'on étudie d'autres faits plus anciennement et mieux connus et on arrive ainsi à une sorte d'explication, on diminue en tout cas le nombre des groupes distincts de faits inexpliqués ; ce qui est un progrès.

Voilà la méthode que l'on peut appliquer pour répondre, sans faire de métaphysique ni de religion, à cette question : comment les idées endogènes primordiales et essentielles se trouvent-elles dans l'esprit humain?

Le fait est en lui-même clair et indiscutable : l'idée du moi et les idées universelles et nécessaires existent dans l'esprit humain ; elles y sont contemporaines du début de l'existence de l'esprit humain, c'est-à-dire qu'elles existent dans l'esprit de tout homme venant au monde et elles ont toujours existé dans l'esprit de tous les hommes depuis que l'homme est homme, depuis que l'espèce humaine est fixée.

Cela veut dire que *ces idées font partie de la constitution même de l'esprit humain* ; ce sont des idées-lois, éléments constitutifs de l'esprit humain, idées-lois de l'existence, de la conduite et du raisonnement humains (nous avons surtout parlé jusqu'à présent des idées-lois du raisonnement humain ; nous parlerons des idées-lois de la conduite humaine au chapitre de la morale).

Ce fait n'est d'ailleurs nullement propre à l'homme ; nous le retrouvons dans la science, tout entière, des corps inanimés comme des autres êtres vivants.

La loi de compressibilité ou de décompression des gaz n'est *connue* par l'esprit humain comme loi naturelle que depuis un temps relativement court ; mais, comme loi des gaz, elle *existe* depuis qu'il existe des gaz ; elle est un élément constitutif des gaz, tels que nous les connaissons. De même les lois de finalité biologique (conservation héréditaire de l'espèce) existent aussi anciennement que les espèces elles-mêmes, quelle que soit l'époque où l'esprit humain en a pris connaissance.

Pour toutes ces lois, on n'a pas, à proprement parler, à se poser la question de leur origine ou du moins cette question se confond avec celle de l'origine de l'espèce elle-même — question dont nous ne méconnaissons pas l'importance, mais que nous avons délibérément éliminée du cadre de l'étude actuelle.

Voilà, ce me semble, la seule solution — solution de sens commun — qu'une philosophie scientifique ou positive peut donner à la question de l'origine réelle des grandes idées endogènes : ces idées font partie de la constitution même de l'esprit humain ; ce sont les idées-lois de l'esprit humain ; leur origine se confond avec l'origine même de l'homme, espèce fixée.

En biologie humaine, c'est-à-dire en science positive et en philosophie scientifique on ne peut pas en dire davantage.

7

CHAPITRE V

SCIENCE ET LOGIQUE

1. Définition et objet de la logique. Les idées-lois de l'esprit humain. — 2. Les principes universels du raisonnement humain ne viennent pas de l'expérience extérieure. — 3. Valeur de la logique, des sciences mathématiques et géométriques, de la science en général.

---

1. DÉFINITION ET OBJET DE LA LOGIQUE. LES IDÉES-LOIS DE L'ESPRIT HUMAIN.

Pour beaucoup de classiques, la logique est un *art*: l'art de penser, dit Port-Royal ; c'est-à-dire, ajoute M. Elie Blanc, l'art de bien conduire sa raison dans la connaissance des choses, tant pour s'en instruire soi-même que pour en instruire les autres.

Si la logique est un art, c'est un art appliqué d'une science. Avant tout, c'est une *science* : « science, spéculative et pratique, la science ou la philosophie des idées ». Pour préciser davantage, on l'a définie : la science des lois nécessaires de la pensée ; « elle aurait pour objet de concevoir *in abstracto* les lois sans lesquelles nous ne saurions faire aucun usage de notre entendement ». M. Malapert trouve ces expressions équivoques et préfère la définition de Stuart Mill — « à condition de la bien entendre » — la science de la pensée. « L'objet propre de la logique serait de rechercher à quelles conditions doit satisfaire une proposition pour être prouvée, quels procédés doivent être employés pour son établissement. » Ceci est vrai, mais paraît incomplet : la logique ne doit pas seulement rechercher et exposer les méthodes de connaissance et de démonstration ; elle doit encore les critiquer, les juger, en dire la valeur : « en d'autres termes, la logique, qui doit bien partir de la constatation et de l'analyse des diverses méthodes et de leurs principales articulations, doit aussi se placer à un point de vue critique, c'est-à-dire les apprécier, déterminer leur valeur et rechercher leur fondement. »

Sous le bénéfice de ces explications, on peut accepter la définition de M. Malapert : « la science qui se propose de déterminer les conditions et les procédés de la connaissance exacte, de la pensée correcte»; ou, plus simplement, *la logique est la science des idées-lois de la connaissance et du raisonnement humains.*

A la fin du chapitre précédent, à propos de l'origine des principes universels primordiaux, nous avons déjà rencontré cette expression « idées-lois », sur laquelle nous devons nous arrêter un peu actuellement.

Alfred Fouillée a excellemment étudié la *force des idées* et développé la notion de l'*idée-force*.

« Le véritable intérêt de la psychologie, dit-il, consiste surtout à rechercher quelle est l'efficacité de la pensée en nous et autour de nous, quelle est la force des idées et de tous les états de conscience qui s'y résument, leur influence sur l'évolution de l'esprit et sur celle même de la nature. Tel est, par excellence, le problème psychologique. Pour que la conscience, en effet, ne soit pas réduite, dans l'univers, au rôle de zéro, deux choses sont nécessaires. La première, c'est que nos idées et sentiments soient des conditions réelles de changement interne, conséquemment des facteurs de l'évolution mentale, non de simples indices d'une évolution ayant lieu sans eux par des causes exclusivement physiques. La seconde, c'est que tout changement interne, étant inséparable d'un changement externe ou mouvement, puisse avoir des effets dans le monde extérieur, si bien que les idées ayant agi intérieurement se trouvent avoir du même coup leur expression extérieure avec toutes ses conséquences. C'est en ce sens que les idées peuvent être idées-forces. En d'autres termes, les états mentaux doivent avoir une efficacité interne et, indivisiblement, externe, en raison de l'unité foncière du physique et du mental. »

Les idées, considérées comme des *représentations*, ne pourraient pas agir les unes sur les autres, « pas plus que le portrait de la Joconde n'agit sur le portrait de la Fornarina ». Les phénomènes mentaux sont, non représentations, mais *actions* et *réactions*. « Nous nous plaçons à l'antipode de ceux qui veulent réserver l'intensité aux objets extérieurs, qui vont même jusqu'à prétendre que les états mentaux n'ont pas d'intensité et sont qualité pure ».

Cette doctrine est l'affirmation — qui n'est pas pour déplaire au physiologiste et au biologiste humain — de l'activité propre des neurones psychiques, activité qui s'affirme aussi bien dans la pensée que dans la sensation et le mouvement, la volonté étant précisément l'expression de ce passage actif du neurone, de l'état de pensée réfléchissant sur les sensations à l'état de pensée s'extériorisant par le mouvement.

Ainsi se précise cette notion : *l'idée est une force, est une manifestation et une source de force.*

Cette force d'extériorisation de l'idée est d'ailleurs variable suivant les cas. Ribot classe, à ce point de vue, les idées en trois groupes, suivant que leur tendance à se transformer en acte est forte, modérée ou faible, et même, en un certain sens, nulle. Le premier groupe comprend les états intellectuels extrêmement intenses, les idées « qui nous touchent », qui s'accompagnent de phénomènes sensitifs (idées avec émotion, passion) ; dans le deuxième groupe sont les idées courantes, ordinaires, à action extériorisante moyenne ; le troisième (action extériorisante minima) comprend les idées abstraites.

Cette classification n'a rien d'absolu. Les circonstances

peuvent faire varier, dans de très fortes proportions, la force d'extériorisation de certaines idées. Ainsi, l'idée religieuse en temps de persécution et l'idée de patrie en temps de guerre prennent une force d'extériorisation extraordinaire, qu'elles n'ont pas, au même degré, en temps normal.

Quoi qu'il en soit, on peut dire que la psychologie tout entière prouve non seulement que *l'idée est une force*, mais encore que l'idée est une force personnelle, autochtone... c'est, à proprement parler, la *force de l'homme* (1).

Dès lors, on n'éprouve aucune difficulté à admettre que certaines idées sont *directrices*, sont des *lois* que la philosophie scientifique doit étudier et dont elle doit tenir le plus grand compte.

Les idées-lois de la conduite humaine seront étudiées dans le chapitre de la morale ; nous discuterons là la question difficile de l'obligation morale qui est le lien entre l'homme libre et la loi morale...

Actuellement nous devons étudier les *idées-lois du raisonnement humain*. Cette étude, nécessaire en soi, facilitera ensuite les discussions soulevées par les idées-lois de la conduite humaine.

Comme je l'ai dit dans le chapitre précédent, à propos de l'origine des idées, certaines idées-lois doivent être considérées comme faisant partie intégrante de l'esprit humain. Ce sont des lois liées à l'existence même et à la constitution de l'homme.

Ces lois naturelles s'imposent à l'homme, comme les lois physicochimiques et les lois biologiques générales s'imposent à lui et aux autres êtres de l'univers. Seulement, à cause de sa nature d'homme, de sa constitution propre, de son libre arbitre, il n'obéit pas à ces lois automatiquement et nécessairement comme tous les autres

(1) Une loi de biologie humaine. L'idée fait la force (*Le Correspondant*, 25 août 1917).

corps de l'univers : il obéit librement, il a le devoir
d'obéir, il est obligé moralement d'obéir...

Comme des idées-lois de la conduite humaine, ceci est
vrai également des idées-lois du raisonnement humain,
les seules que nous étudions actuellement : l'homme doit
raisonner suivant les lois naturelles de son esprit, mais
il peut ne pas le faire ; il peut raisonner faux, comme nous
verrons, en morale, qu'il peut se mal conduire. Dans les
deux cas, il est *illogique* et déraisonnable.

Pour terminer ces généralités succinctes sur les idées-
lois humaines, je rappelle qu'on les divise en deux groupes :
idées-lois *universelles* et idées-lois *générales*.

Les premières sont absolues et nécessaires. La biologie humaine en constate l'existence dans l'esprit humain
chez tous les hommes (espèce fixée). Elles sont supérieures et antérieures à l'expérience et par conséquent
éternelles et immuables. Dans les connaissances du biologiste humain, elles constituent l'élément fixe, aussi
vieux que l'humanité elle-même et devant durer aussi
longtemps que celle-ci.

Les secondes sont générales ; elles sont constatées et
démontrées par l'expérience, ne s'appliquent pas à l'universalité des êtres et à la nature entière, mais uniquement
à un groupe plus ou moins considérable d'êtres comme
l'ensemble des êtres vivants. L'idée-loi de finalité biologique dont j'ai déjà parlé plus haut est un bel exemple
de ces idées-lois générales. Bien différentes des idées-lois
universelles, les idées-lois générales sont expérimentales
et par conséquent variables et perfectibles comme la
science qui les établit. Dans les connaissances du biologiste humain elles constituent l'élément changeant.

Les idées-lois du raisonnement humain, que nous étudions dans ce chapitre, appartiennent évidemment au
premier groupe : elles sont universelles, absolues, nécessaires. Elles ne viennent pas à l'esprit humain par les sens
et par l'expérience extérieure.

Cette proposition capitale, base de la logique scientifique, a été contestée ; ce qui m'oblige à la discuter et à la développer dans le paragraphe suivant.

2. LES PRINCIPES UNIVERSELS DU RAISONNEMENT HUMAIN NE VIENNENT PAS DE L'EXPÉRIENCE EXTÉRIEURE.

Ce que j'ai dit dans le paragraphe précédent permet de répondre à une objection que l'on fait souvent à ceux qui parlent d'idées-lois s'imposant au raisonnement ou à la conduite de l'homme au seul titre de lois scientifiques : de quel droit, dit-on volontiers, et au nom de quoi la science positive peut-elle imposer des lois?

Cette objection est surtout faite pour les lois morales et nous la retrouverons au chapitre de la morale. Mais elle peut être faite déjà pour les idées-lois du raisonnement humain.

Je crois avoir montré qu'il y a des lois naturelles purement scientifiques qui ont une force d'obligation naturelle, scientifique.

C'est donc *au nom de la nature humaine* que la science édicte et impose les lois humaines, comme, au nom de la nature des corps inanimés ou de la nature des autres êtres vivants, elle édicte et impose les lois physicochimiques et les lois biologiques générales. Seulement, comme l'homme avec son autonomie, sa force psychique propre et sa liberté, réagit tout autrement que le caillou et le végétal à ses lois naturelles, les lois humaines s'imposent à l'homme tout autrement qu'aux autres êtres vivants et aux corps inanimés : *les idées-lois du raisonnement s'imposent à la raison de l'homme* et non à son automatisme fatal.

A la base de ces idées-lois du raisonnement qui s'imposent à l'homme au nom de sa nature même sont des principes universels, absolus et nécessaires : le principe d'identité et de contradiction et le principe de causalité.

J'ai déjà étudié ce dernier dans le chapitre précédent et montré qu'il ne nous est pas fourni par l'expérience extérieure, qu'il ne vient pas des sens et par les sens. La même démonstration peut être établie pour le principe d'identité et de contradiction qui constitue, avec les définitions et les axiomes, le point de départ des sciences mathématiques et géométriques.

Peut-on dire que ce principe et par suite les sciences mathématiques qui en dérivent sont un produit de l'expérience extérieure? On l'a dit et soutenu. On a dit que les sciences mathématiques peuvent être ramenées aux sciences expérimentales.

On a dit que *deux et deux font quatre* est la conclusion d'une expérience dans laquelle nous avons vu que deux objets, mis à côté de deux autres objets, font quatre objets. Si chaque homme n'est plus obligé d'acquérir personnellement cette notion, c'est parce que nos ancêtres ont accumulé les constatations expérimentales et nous ont ainsi héréditairement légué ce principe, qui nous apparaît faussement comme une notion à priori, antérieure à l'observation.

C'est du positivisme que date la forme moderne de cette doctrine expérimentale des mathématiques.

« Loin de dire avec Platon ou avec ses successeurs qu'il n'y a pas de science du phénomène ou de ce qui passe, Comte pense au contraire, dit M. Lévy-Bruhl, que la science a pour unique objet la réalité phénoménale, en tant que soumise à des lois... les phénomènes géométriques et mécaniques sont les plus simples de tous et les plus naturellement liés entre eux. La période où ils ont été étudiés par l'observation a donc pu être très courte, si courte même qu'il n'y a pas d'absurdité à soutenir qu'elle n'a jamais existé et que, dans ce cas, la connaissance rationnelle n'a pas été précédée par la constatation empirique des faits. Mais la différence entre les mathématiques et les autres sciences n'en reste pas moins une différence de degré, non de nature. Les mathématiques ont une avance sur les autres sciences; elles ne sont pas sur un autre terrain. En un mot, les mathématiques sont, comme toutes les autres, des sciences naturelles. »

Quand la philosophie positive « sera universellement acceptée, l'idée qu'une science puisse être tout à priori, absolue et immuable, aura disparu des esprits ».

Littré est encore plus nettement catégorique : « *un et un font deux* est un fait d'observation et le point de départ de la plus longue et de la plus belle déduction qu'il ait été donné à l'homme de parcourir ».

Mais alors, devenant expérimentales, les mathématiques cessent d'être universelles, absolues et immuables. Auguste Comte, Stuart Mill le proclament.

Ce dernier auteur montre, d'un côté, l'origine expérimentale de *deux et deux font quatre* et, de l'autre, la possibilité de *deux et deux font cinq*. Constamment nous vérifions la première proposition : « nous le voyons toutes les fois que nous comptons quatre livres, quatre tables, quatre chaises, quatre hommes dans la rue ou les quatre coins d'un pavé ». Quant à la seconde proposition, nous la concevons réalisable dans un autre monde où, « toutes les fois que deux couples de choses sont placées à proximité l'une de l'autre ou examinées ensemble, une cinquième chose est immédiatement créée et amenée dans l'examen de l'esprit au moment où il unit deux à deux... dans ce monde, assurément deux et deux feraient cinq c'est-à-dire que le résultat auquel arriverait l'esprit en considérant deux fois deux serait de compter cinq. »

Aux définitions et aux axiomes qui sont le point de départ de la géométrie on a voulu aussi trouver une origine expérimentale.

Ainsi M. Paul Regnaud dit expressément : « les axiomes expriment, en dernière analyse, comme les propositions proprement dites, des faits expérimentaux » ; et ailleurs : « le fait que la ligne droite est le plus court chemin d'un point à un autre est une affirmation qui repose sur l'expérience et qu'on a généralisée sous la forme d'une définition... la définition, quelle qu'en soit la forme, repose directement ou indirectement sur la perception et l'observation ».

C'est là la doctrine d'Auguste Comte. Dans les faits que l'on considère, en géométrie, dit M. Lévy-Bruhl exposant cette doctrine, « il y a un certain nombre de phénomènes primitifs, qui, n'étant établis par aucun raisonnement, ne peuvent être fondés que sur l'observation et servent de base à toutes les déductions géométriques ». La géométrie est une « science de faits » ; elle « garde sa racine dans l'expérience ».

De même, Liard cite Stuart Mill, pour lequel les définitions géométriques doivent être considérées « comme nos premières et nos plus évidentes généralisations relatives aux lignes et à toutes les figures telles qu'elles existent », et pour lequel les axiomes géométriques sont « des vérités expérimentales, des généralisations de l'observation ».

Il n'est pas malaisé de réfuter cette manière de voir.

Le raisonnement de Stuart Mill pour établir qu'on peut concevoir un monde où deux et deux feraient cinq, est inacceptable : s'il y a chaque fois création d'un cinquième objet, cela n'empêche pas deux et deux de faire toujours quatre, puisque, pour faire cinq, il faut qu'un nouvel objet vienne s'ajouter.

Il est donc permis de maintenir l'ancienne formule : on conçoit facilement un monde, voire même une planète, où la biologie et toute la science expérimentale seraient entièrement différentes de ce qu'elles nous apparaissent sur la terre, tandis qu'on ne peut pas concevoir la possibilité d'un monde où les sciences mathématiques seraient autres que celles que nous connaissons.

Les lois de la biologie ont pu changer avec les époques ; les lois mathématiques sont éternelles, dans le passé et dans l'avenir. Ce n'est faire ni anthropocentrisme ni géocentrisme que de dire que *deux et deux font quatre* a été, est et sera toujours vrai dans tous les siècles et dans tous les mondes.

Goblot développe cette pensée dans son *Essai sur la classification des sciences* et cite justement cette phrase d'Ampère : « telle que l'ont conçue les Euler, les Lagrange, les Laplace, etc., la mécanique donne des lois, comme l'arithmologie et la géométrie, *à tous les mondes possibles* ».

En réalité donc, les mathématiques n'ont rien à voir avec l'expérience et l'induction, comme point de départ. Elles sont le développement *par déduction* du principe d'identité et de contradiction, qui est, dit Liard, « le nerf caché de tous les raisonnements déductifs et mathématiques ». Ces idées et cette science ont un caractère d'éternité, d'universalité et d'absolu que jamais n'atteindront les vérités contingentes et seulement générales que permet d'acquérir l'expérience.

« Beaucoup, dit Ribot, sont tombés dans cette étrange illusion de croire qu'en manipulant l'expérience par le travail d'une abstraction toujours croissante, on peut en faire sortir l'absolu. » Auguste Comte et Stuart Mill, en supprimant le caractère absolu, nécessaire et universel des mathématiques, suppriment les mathématiques elles-mêmes. Le bon sens se refuse à admettre des mathématiques contingentes, relatives et variables.

L'expérience est si peu le point de départ des mathématiques que, si cette expérience se trouve un jour en contradiction avec les mathématiques, nous n'hésitons pas à dire que c'est l'expérience qui a tort, nous refaisons et varions l'observation et ce sont toujours les mathématiques qui ont le dernier mot : ceci est bien démontré par les sciences, qui, comme la physique, la mécanique, l'astronomie,... ont une partie mathématique et une partie expérimentale. Dans ces sciences l'élément mathématique rationnel a une existence tellement indépendante de l'expérience qu'il n'y a jamais de conflit entre l'élément mathématique et l'élément expérimental : celui-ci est immédiatement déclaré inexact et révisé.

«Stuart Mill, dit Goblot, impose aux définitions mathématiques une condition à laquelle elles ne sont nullement assujetties. Dans ces définitions, dit-il, il est sous-entendu que quelque chose, telle que le défini, existe réellement ou peut se trouver dans notre expérience. Cela n'est pas exact ; on définit une asymptote, on définit des parallèles ; or, notre expérience ne peut pas nous présenter des lignes indéfiniment prolongées. On définit des quantités négatives, imaginaires, infiniment grandes ou petites ; or, toute quantité donnée dans l'expérience est positive, réelle et finie... aucune définition mathématique n'est la définition d'une chose réelle. »

Les définitions et les axiomes géométriques sont si peu d'origine expérimentale que l'on n'a jamais observé des objets répondant exactement à ces définitions et pouvant par suite leur servir de point de départ et de substratum expérimental.

L'homme, l'animal... existent tels que nous les décrivons avec toutes les propriétés que nous leur décrivons, puisque nous ne décrivons que ce que nous observons en eux : la notion que nous en avons est d'origine expérimentale. Au contraire, une vraie ligne droite, un vrai triangle, une vraie circonférence, répondant exactement à la définition géométrique n'ont jamais été réalisés ni observés par personne.

Les définitions géométriques ne sont pas basées sur l'observation directe des objets qu'elles visent. Comme les définitions mathématiques, elles sont *vraies* sans répondre à des objets *réels* — et surtout sans provenir de l'observation d'objets réels.

Il est curieux de voir Stuart Mill reconnaître la chose et dire : « il n'y a pas de choses réelles exactement conformes aux définitions géométriques ; il n'y a pas de points sans étendue, pas de lignes sans largeur, ni parfaitement droites, pas de cercles à rayons exactement égaux, ni de carrés à angles parfaitement droits. » Il est vrai que, sans craindre la contradiction, le même auteur dit aussi, quelques lignes plus loin : «les points, les lignes, les cercles, que chacun a dans l'esprit, sont, il me semble, de simples copies des points, lignes, cercles et carrés qu'il a connus par l'expérience. » A ces citations, M. Blum ajoute : « on ne voit plus du tout la suite des idées... toute la théorie débute par une contradiction. »

Ce que je viens de dire des définitions géométriques peut être textuellement répété pour les théorèmes qu'on déduit de ces définitions et des axiomes.

«La somme des angles d'un triangle, dit Goblot, est égale à deux angles droits. Ceci n'a pas besoin d'être vérifié expérimentalement et d'ailleurs ne peut l'être ; car l'expérience prouvera seulement que c'est vrai *sensiblement* ; mais le mathématicien veut dire que c'est vrai *absolument*. Ce serait encore vrai, alors même que ce ne serait pas réel. Ce n'est peut-être pas réel... Mais il suffit qu'on puisse concevoir et définir le triangle pour que les propositions qu'on en démontre soient vraies. »

Une fois la science géométrique créée et développée sans l'expérience, on peut l'appliquer aux objets réels et, d'une manière générale, on peut dire que ces applications vérifient expérimentalement ces notions.

Mais cependant ces notions restent tellement supérieures à cette expérience que, si une application particulière ou un fait observé apparaissent en contradiction avec les données de la géométrie, on n'hésite pas à condamner l'expérience et à déclarer que, dans ce conflit momentané, certainement c'est la géométrie qui a raison et reste vraie, malgré les contradictions de la réalité.

Ainsi, comme dit M. Milhaud, « il faut renoncer à voir un lien absolument étroit entre certaines notions de la science rationnelle et les confirmations qu'elle reçoit des faits observés ».

Enfin les données géométriques sont absolues, universelles et nécessaires ; la géométrie est vraie dans toutes les planètes et dans tous les mondes existants ou possibles.

«Stuart Mill, qui soutient une sorte de positivisme

géométrique, veut nous faire croire, dit Fouillée, que, avec d'autres habitudes, dans un autre monde, nous trouverions naturel qu'un cercle fût carré ; mais il y a là une confusion pitoyable ».

On ne peut pas concevoir un univers dans lequel le carré de l'hypoténuse ne serait pas égal à la somme des carrés des deux autres côtés du triangle rectangle. Les théorèmes géométriques sont tels qu'il « nous est impossible de concevoir le contraire », dit Liard. Comme Platon le fait dire à Socrate dans *la République*, la géométrie reste « la connaissance de ce qui est toujours, non de ce qui naît et périt » (Milhaud).

Les lois expérimentales ne peuvent avoir aucun de ces caractères, l'expérience étant impuissante à les conférer aux lois qu'elle crée.

De tout ce que je viens de dire du principe d'identité et de contradiction base des sciences mathématiques et géométriques, il faut rapprocher tout ce que j'ai dit plus haut du principe de causalité ; on est alors en droit de conclure très scientifiquement que les principes universels, nécessaires et absolus, qui constituent les lois du raisonnement humain ne nous viennent pas par l'expérience, ne sont pas des vérités ou des lois expérimentales.

D'ailleurs les auteurs éminents qui ont défendu l'origine sensorielle de toutes les idées ne sont pas toujours aussi affirmatifs quand il s'agit des principes absolus et universels.

Ainsi Stuart Mill — dont j'ai déjà cité des passages contradictoires — que nous avons vu soutenir la concevabilité de *deux et deux font cinq*, recule ensuite et n'ose pas nier le principe de contradiction. Il met « à part cette proposition qu'une chose soit en même temps A et non A »; dans ce cas extrême, il « consent, dit M. Milhaud, à reconnaître la contradictoire ».

Dans un autre passage cité par M. Blum, Stuart Mill dit : « l'induction est le procédé par lequel nous concluons que ce qui est vrai de certains individus d'une classe est vrai de la classe entière ou que ce qui est vrai certaines fois le sera toujours dans des circonstances semblables... L'univers, autant que nous le connaissons, est ainsi constitué que ce qui est vrai dans un cas quelconque est vrai aussi dans tous les cas d'une certaine nature ».

Ce principe, condition de l'induction, est donc antérieur à toute induction. Il ne provient donc pas de l'expérience. Car l'expérience ne pourrait le donner que par induction et aucune induction n'est possible sans lui.

Quant à Ribot, dans une phrase que j'ai citée plus haut, il parle de loi *universelle* de causalité et du passage des cas particuliers à la généralisation et finalement à l'*universalisation*. Mais, d'autre part, il intitule son livre : « l'évolution des idées *générales* » et le termine par cette conclusion : « nous n'avons étudié les idées générales qu'autant qu'elles ont une origine assignable dans l'expérience et n'en dépassent pas les limites. Existe-t-il, comme quelques-uns le soutiennent, des notions antérieures à toute intuition sensible qui ne puissent, en aucune manière et par aucun effort, être dérivées des données expérimentales ? Il ne nous appartient pas de le discuter. Cette thèse est une revendication — légitime ou non — en faveur de l'innéité, et de quelque façon qu'on la conçoive (formes à priori, disposition héréditaire, conformation cérébrale), c'est le problème de la constitution dernière de l'intelligence humaine que nous avons rigoureusement éliminé de notre sujet. »

Cette question des principes universels et absolus, que Ribot élimine délibérément de ses études, appartient cependant par un côté à la science positive et expérimentale et par suite à la philosophie scientifique. C'est pour cela que j'ai dû l'aborder ici.

Ce même passage de Ribot prouve que, sans nous mettre en contradiction avec le regretté professeur du Collège de France, nous pouvons maintenir la conclusion de ce paragraphe (qui complète celle du chapitre précédent) :

*les principes universels du raisonnement humain ne vien-
nent pas de l'expérience extérieure, n'arrivent pas dans
l'esprit des sens et par les sens.*

3. VALEUR DE LA LOGIQUE, DES SCIENCES MATHÉMA-
TIQUES ET DE LA SCIENCE EN GÉNÉRAL.

A première vue, on ne comprend pas qu'il y ait lieu de
poser et de discuter la question inscrite en tête de ce paragraphe. Comment, pourquoi, au nom de quoi peut-on
discuter la valeur de la sience, alors que c'est la seule
autorité reconnue et indiscutée?

En fait, cette valeur a été — et est encore — très discutée, d'abord par les sceptiques qui ne veulent rien accepter sans le discuter, ensuite — et c'est le côté le plus important en pratique — par ceux qui n'admettent que la méthode expérimentale, extérieure et objective, en science
et qui alors refusent toute valeur aux sciences, qui, comme
les mathématiques et la géométrie, ne doivent rien à
l'expérience extérieure. Comme les idées-lois du raisonnement humain, objet de la logique, ne viennent pas
non plus des sens et par les sens, la logique, elle aussi, est
englobée dans la même suspicion. Les sciences expérimentales étant elles-mêmes basées sur le raisonnement
logique autant que sur l'observation, nous arrivons par
cette voie à un scepticisme absolu sur la valeur de la science
en général.

Henri Poincaré a bien posé la question et donné les
éléments pour la résoudre.

« Pour un observateur superficiel, dit-il dans *la Science
et l'Hypothèse*, la vérité scientifique est hors des atteintes
du doute; la logique de la science est infaillible et, si les
savants se trompent quelquefois, c'est pour en avoir
méconnu les règles ». C'est la doctrine de « bien des gens
du monde » et des « lycéens qui reçoivent les premières
notions de physique ». — J'ajouterai que c'est l'opinion

du sens commun, qui fera le fond de nos conclusions.

Mais, continue Poincaré, « quand on a un peu plus réfléchi, on a aperçu la place tenue par l'hypothèse ; on a vu que le mathématicien ne saurait s'en passer et que l'expérimentateur ne s'en passe pas davantage. On s'est alors demandé si toutes ces constructions étaient bien solides et on a cru qu'un souffle allait les abattre ».

C'est là une autre exagération. « Etre sceptique de cette façon, c'est encore être superficiel. Douter de tout ou tout croire, ce sont deux solutions également commodes, qui, l'une et l'autre, nous dispensent de réfléchir. »

La conclusion est que ce paragraphe est nécessaire et qu'il faut discuter scientifiquement la valeur de la logique, la valeur des sciences mathématiques et géométriques et, par extension, la valeur de la science en général. C'est un chapitre nécessaire et fondamental de tout essai de philosophie scientifique.

Et d'abord la *logique*.

Je rappelle que la logique est la *science des idées-lois du raisonnement humain* et qu'avec Liard (*Logique*) et les classiques, on peut ramener les lois formelles de la pensée à trois principes : le principe d'identité « ce qui est, est », le principe de contradiction « une chose ne peut pas à la fois être et ne pas être » et le principe du milieu exclu « toute chose doit être ou ne pas être ».

Il me paraît impossible de soutenir que la logique et la raison ne sont que l'expression de la manière de penser de la majorité des hommes et de dire, avec Le Dantec (*le Déterminisme biologique et la Personnalité consciente*) que nous qualifions un homme de fou uniquement « parce qu'il n'éprouve pas ce que nous éprouvons et ne réagit pas comme nous réagissons, nous qui constituons la majorité des hommes ».

L'école positiviste conteste l'utilité de la logique et en même temps sa légitimité et son existence même. Cela ressort nettement d'une série de passages d'Auguste

8

Comte cités par M. Lévy-Bruhl et que j'ai mentionnés ailleurs.

« La logique traditionnelle achève de disparaître. » La preuve en est que « les méthodes ne sauraient être étudiées hors des recherches positives où les savants les emploient... Aucun art ne s'enseigne abstraitement, non pas même l'art de bien raisonner, ni celui d'expérimenter... Il n'a jamais suffi de posséder les règles de l'art poétique pour écrire de belles œuvres. La connaissance approfondie des règles de méthode ne conduit pas davantage aux découvertes scientifiques ». L'ancienne logique « développe surtout la faculté dialectique, c'est-à-dire une aptitude, plus nuisible qu'utile, à prouver sans trouver ».

Voilà pour l'utilité. Voici maintenant pour la légitimité et l'existence.

« L'ancienne philosophie prétendait découvrir les lois intellectuelles par la réflexion, comme si l'esprit pouvait en même temps penser et se regarder penser, raisonner et observer son raisonnement. Comte rejette cette méthode introspective, qui ne donne pas de résultats scientifiques. » (J'ai déjà discuté cette manière de voir au chapitre II de la méthode subjective.) La logique positive, qui appartient à la biologie et à la sociologie, s'abstient de spéculer sur les principes directeurs de la connaissance, principes d'identité, de contradiction, de causalité. Ces sortes de principe ne sont pas objets d'examen ou de discussion. Comte est pleinement d'accord là-dessus avec l'école écossaise. « Aucune science positive ne met en question des principes propres. Comment soumettre à la critique les principes mêmes de tout raisonnement ? Rien ne s'accorde moins avec l'esprit positif qu'une tentative de ce genre. Elle est métaphysique et sans aucune chance de succès... »

Dans sa *Psychologie du raisonnement*, Binet a, de son côté, repris, exposé et développé les idées de Stuart Mill, toujours contre l'ancienne logique.

Stuart Mill discute notamment la valeur du syllogisme

des anciens logiciens. Ce raisonnement ne sert à rien, dit-il ; il n'apprend rien, n'est « pas un instrument de découverte, mais une répétition sous une autre forme d'une connaissance déjà acquise, c'est-à-dire une solennelle futilité ».

Il n'y a d'opération utile que celle qui « consiste à joindre à un fait un second fait non contenu dans le premier ». Si certains syllogismes apprennent quelque chose, c'est que la majeure est déjà une conclusion expérimentale et que la conclusion en est alors une application et une nouvelle preuve.

Dès lors, comme le remarque M. Milhaud, il vaut mieux supprimer le syllogisme et appliquer directement au nouvel objet ce que nous savons des objets semblables antérieurement connus. En somme, le seul raisonnement possible et utile consiste à inférer d'un certain nombre de cas particuliers observés à un autre cas particulier nouveau.

A cette seule condition, reprend Binet, « le raisonnement constitue un développement de la connaissance, puisque toute inférence va du particulier au particulier et ajoute ainsi des faits nouveaux non observés aux faits déjà connus ».

Je rappelle succinctement les arguments déjà exposés contre ces doctrines qui repoussent comme non scientifique tout ce qui est subjectif d'origine.

Tout le raisonnement d'Auguste Comte est basé sur cette affirmation à priori, posée comme un axiome et non démontrée, qu'il n'existe de science que les sciences expérimentales. J'ai réfuté ce postulat au chapitre II de la méthode.

S'il y a des sciences rationnelles — et il y en a d'indiscutables — on ne peut plus dire que rien ne s'enseigne abstraitement. La logique est une science rationnelle comme les mathématiques et la géométrie.

La logique peut, comme science, être postérieure aux

faits dont elle étudie les lois. C'est ce que nous avons montré à propos de l'origine des idées : les idées existent dans l'esprit et le dirigent avant que l'esprit ait pris connaissance et conscience de leur exi tence.

De ce qu'on applique tous les jours et depuis toujours es règles du raisonnement sans les connaître scientifiquement, c'est-à-dire de ce qu'on raisonne très bien sans avoir appris et sans savoir la logique, cela ne prouve nullement qu'il n'y a pas une science du raisonnement et des lois du raisonnement. Tout le monde applique et a toujours appliqué les lois de la mécanique et de la physique sans les connaître ; cela ne supprime pas ces sciences.

On ne peut pas plus dire, avec Auguste Comte, que, si elle existe, cette science de l'esprit est stérile.

Aucune science n'est stérile. Alors même qu'une science n'aurait aucune application pratique, elle ne serait pas inutile pour cela. On ne peut d'ailleurs proclamer la stérilité d'une science que si on pose en principe à priori que les sciences expérimentales sont seules utiles et fécondes ; c'est toujours le même postulat non démontré qui revient derrière tous les raisonnements des positivistes.

C'est en poursuivant encore le même postulat que Comte condamne les méthodes de la logique et l'étude des lois de l'esprit, uniquement parce que cela ne rentre pas dans le cadre intentionnellement et initialement rétréci des sciences expérimentales, seules caractérisées comme positives.

Quant à Stuart Mill et à Binet, leur travail aboutit à nier le syllogisme comme une solennelle futilité qui ne sert à rien et n'existe même pas. Binet ne le sauve pas en cherchant à lui donner une nouvelle forme et en montrant que la conclusion n'est pas contenue dans la majeure, mais ajoute un fait nouveau à cette majeure. Tout syllogisme suppose une majeure déjà démontrée n'ayant plus besoin de preuves et la conclusion en est la déduction, l'application à un fait particulier.

En réalité, la question est plus haute. Stuart Mill et Binet déclarent que nous ne pouvons, dans nos raisonnements, inférer que du particulier au particulier, tandis que l'ancienne logique admettait qu'on peut aussi, dans certains cas, inférer du général au particulier. En d'autres termes, la logique positiviste ne veut admettre que l'induction s'exerçant sur les faits expérimentaux, tandis que l'ancienne logique, sans nier l'induction, admet aussi la déduction s'exerçant sur un principe général, quelle que soit d'ailleurs l'origine de ce principe, expérimentale ou rationnelle.

Or, il paraît, au simple bon sens, impossible de nier l'existence et l'utilité du raisonnement déductif ; tout ce que nous allons dire sur la valeur scientifique des mathématiques et de la géométrie le démontre.

D'abord ce raisonnement sert déjà dans les sciences expérimentales, pour étendre et appliquer à des cas particuliers nouveaux les lois générales que l'expérience antérieure, aidée de l'induction, a fait connaître. Ceci ne peut être nié par personne et Binet ne peut contester, dans ces cas, le caractère scientifique de cette forme du raisonnement. En posant que tous les hommes sont mortels et que Paul est un homme, le raisonnement déductif, syllogistique ou non, apprend que Paul est mortel, lui aussi.

Ce n'est pas tout.

Le point de départ du raisonnement déductif peut ne pas être expérimental, au moins au sens positiviste, il ne vient pas nécessairement de la seule expérience extérieure. Il suffit qu'il soit vrai et l'évidence est une source de certitude — sur laquelle nous allons revenir — et fournit une base au raisonnement, au même titre que la perception extérieure.

De tout ce que je viens de dire, on peut conclure d'une manière certaine : la logique existe comme science positive ; c'est la science des idées-lois du raisonnement humain. Elle comprend deux modes de raisonnement : le raisonnement inductif (du particulier au général) et le raisonnement déductif (du général au particulier); elle emploie, suivant les cas, parfois concurremment, la méthode d'observation extérieure (objective) et la méthode d'observation intérieure (subjective) ; ces deux méthodes étant d'ailleurs aussi scientifiques et positives l'une que l'autre.

L'étude de la *valeur des sciences mathématiques et géométriques* est, à la fois, une application et une nouvelle démonstration de ce que je viens de dire sur la valeur de la logique et des sciences rationnelles en général.

J'ai déjà dit — et démontré je crois, —que les mathematiques et la géométrie n'ont rien à voir avec l'expérience extérieure et l'induction comme point de départ. Elles sont le développement par déduction des principes que j'ai indiqués plus haut comme résumant les idées-lois du raisonnement humain : le principe d'identité, le principe de contradiction, le principe du milieu exclu. En mathématiques on part de l'idée de nombre, on pose des définitions et on en déduit toutes les conséquences par le seul raisonnement déductif. En géométrie, on pose de même des définitions et des axiomes sur lesquels on raisonne.

On discute pour savoir si les raisonnements mathématiques et géométriques sont ou non des syllogismes. M. Milhaud dit oui et je crois que Fouillée a dit non. Liard distingue la démonstration géométrique du raisonnement déductif ordinaire. Tout ceci est, dans l'espèce, une question secondaire de forme. Ce qui est certain, c'est que les raisonnements des mathématiciens et des géomètres sont déductifs et tout à fait différents des raisonnements inductifs des expérimentateurs. Ils ne vont pas du particulier au particulier ou au général ; ils partent de principes universels ou généraux, d'axiomes et de définitions et en déduisent des conclusions qui sont contenues dans ces principes.

En d'autres termes, les mathématiciens et les géomètres

ne font pas d'autres raisonnements que ceux condamnés comme inutiles par Stuart Mill et par Binet. Cependant ces raisonnements servent à quelque chose, apprennent quelque chose, ne sont pas stériles, puisqu'ils arrivent à fonder des sciences complètes avec des applications multiples. Le raisonnement déductif n'est donc pas toujours une solennelle futilité.

Sur l'origine première de ces principes qui servent de point de départ aux mathématiques et à la géométrie, nous nous sommes déjà expliqué dans un paragraphe spécial : ce sont des lois naturelles inhérentes à la nature humaine elle-même et présentes dans l'esprit dès la naissance de chaque homme. Cette présence est ensuite, à une époque variable, révélée à la conscience des individus, par une sorte d'*intuition*, comme des *évidences*.

« Pour faire l'arithmétique, dit Poincaré dans *la Valeur de la science*, comme pour faire la géométrie ou pour faire une science quelconque, il faut autre chose que la logique pure. Cette autre chose, nous n'avons pour la désigner d'autre mot que celui d'intuition » : l'intuition du nombre pur, « qui peut engendrer le véritable raisonnement mathématique » en passant par cet axiome qui en sort : « si un théorème est vrai du nombre 1 et si l'on démontre qu'il est vrai de $N+1$ pourvu qu'il le soit de N, il sera vrai de tous les nombres entiers ».

Le même auteur a beaucoup insisté sur le rôle en mathématiques de cette faculté de l'intuition, non seulement au début pour poser les premières notions nécessaires, mais aussi plus tard pour permettre de comprendre l'ensemble de la démonstration.

Quand le logicien a décomposé chaque démonstration en un très grand nombre d'opérations élémentaires, a constaté la correction de chacune d'elles, on n'aura pas encore « compris le véritable sens de la démonstration... Nous ne posséderons pas encore la réalité tout entière; ce je ne sais quoi qui fait l'unité de la démonstration nous échappera complètement ». L'analyse « nous ouvre

mille chemins différents où nous pouvons nous engager
en toute confiance... mais de tous ces chemins, quel est
celui qui nous mènera le plus promptement au but? qui
nous dira lequel il faut choisir? Il nous faut une faculté
qui nous fasse voir le but de loin, et cette faculté, c'est
l'intuition... Ainsi la logique et l'intuition ont chacune
leur rôle nécessaire. Toutes deux sont indispensables.
La logique qui peut seule donner la certitude est l'instrument de la démonstration ; l'intuition est l'instrument
de l'invention. »

Cette conception de Poincaré de ce qu'il appelle l'intuition doit être rapprochée de ce que, au chapitre de
la méthode, nous avons dit, d'après Claude Bernard, de
l'élément psychique personnel chez l'expérimentateur.
Quelle que soit la méthode scientifique employée, expérimentale et inductive ou subjective et déductive, pour
créer une science, il faut une activité personnelle très
nette du sujet qui acquiert les connaissances.

Une autre question se pose alors : quand le chercheur
aura posé ses principes lois du raisonnement déductif,
ses définitions et ses axiomes, comment pourra-t-il tirer
de tout cela quelque chose de nouveau? n'aboutira-t-il
pas seulement à répéter les mêmes vérités convention-
nelles sous des formes différentes? Comment peut-il tirer
quelque conclusion originale, puisque l'expérience n'intervient pas pour apporter cet élément nouveau?

La difficulté a été très nettement posée et la question
très brillamment discutée par Poincaré dans les premières
pages de *la Science et l'Hypothèse.*

« La possibilité même de la science mathématique semble une contradiction absolue. Si cette science n'est déductive qu'en apparence, d'où lui vient cette parfaite rigueur
que personne ne songe à mettre en doute? Si, au contraire,
toutes les propositions qu'elle énonce peuvent se tirer
les unes des autres par les règles de la logique formelle,
comment la mathématique ne se réduit-elle pas à une
immense tautologie? Le syllogisme ne peut rien nous

apprendre d'essentiellement nouveau et, si tout devait sortir du principe d'identité, tout devrait pouvoir aussi s'y ramener. Admettra-t-on donc que les énoncés de tous ces théorèmes qui remplissent tant de volumes ne soient que des manières détournées de dire que A est A? »

« Le raisonnement syllogistique reste incapable de rien ajouter aux données qu'on lui fournit ; ces données se réduisent à quelques axiomes et on ne devrait pas retrouver autre chose dans les conclusions. » En réalité, il y a autre chose. Tout ne s'explique pas en mathématique par l'analyse et la déduction. Il faut admettre « que le raisonnement mathématique a par lui-même une sorte de vertu créatrice et par conséquent qu'il se distingue du syllogisme. La différence doit même être profonde. »

Pour approfondir cette notion et préciser la « nature du raisonnement mathématique », il faut « chercher la pensée mathématique là où elle est restée pure, c'est-à-dire en arithmétique » et même plus particulièrement « au début de l'arithmétique ». Poincaré détaille alors la définition de l'addition et la définition de la multiplication avec leurs propriétés et conclut que le raisonnement mathématique par excellence est « la démonstration par récurrence ».

« Le caractère essentiel du raisonnement par récurrence, c'est qu'il contient, condensés pour ainsi dire en une formule unique, une infinité de syllogismes ».

Malgré les analogies que l'on peut constater, il ne faut pas confondre cette démonstration par récurrence avec l'induction expérimentale. « L'induction, appliquée aux sciences physiques, est toujours incertaine parce qu'elle repose sur la croyance à un ordre général de l'univers, ordre qui est en dehors de nous. L'induction mathématique, c'est-à-dire la démonstration par récurrence, s'impose au contraire nécessairement parce qu'elle n'est que l'affirmation d'une *propriété de l'esprit lui-même.* » — C'est moi qui souligne.

En tout cas, « nous ne pouvons nous élever que par l'induction mathématique, qui seule peut nous apprendre quelque chose de nouveau. Sans l'aide de cette induction, différente à certains égards de l'induction physique, mais féconde comme elle, la construction serait impuissante à créer la science ».

En somme et en peu de mots, c'est artificiellement qu'on réduit le raisonnement humain pur au principe d'identité et de contradiction, à quelques définitions et axiomes et au syllogisme. Ce sont bien là les éléments auxquels l'analyse réduit les sciences rationnelles. Mais, dans le développement et la construction de ces sciences, intervient, comme dans la formation des sciences expérimentales, *l'élément psychique propre et personnel du savant* : c'est ce psychisme qui constitue l'élément *créateur* que Poincaré attribue au raisonnement mathématique.

L'esprit du savant *rapproche* divers axiomes et diverses définitions et par ce rapprochement fait surgir, par les mêmes procédés de raisonnement, des conclusions *nouvelles* que l'on n'aurait pas soupçonnées sans ce rapprochement.

On voit tout de suite le rôle que joue dans ce rapprochement la personnalité du savant : sa mémoire, son instruction, son intelligence, son génie. Ce dernier mot n'est certes pas trop fort : au rapprochement des axiomes et des définitions, au raisonnement appliqué aux questions ainsi envisagées, le savant mathématicien peut déployer et appliquer autant de génie que le savant expérimentateur à organiser, imaginer et interpréter une expérience.

Après tout ce que je viens de dire, je ne crois pas nécessaire d'insister sur la *valeur de la science en général*.

Je viens de montrer la valeur absolue de la science rationnelle (mathématiques et géométrie) : valeur de certitude et valeur d'invention. J'avais déjà montré — et personne ne conteste — la même valeur (de certitude et d'invention) pour les sciences expérimentales. Or, l'ensemble de ces deux groupes de sciences (rationnelles et expérimentales) constitue la science tout entière. La question de la valeur de la science est donc réglée.

Objective ou subjective, inductive ou déductive, la science a toujours la même valeur. D'ailleurs les deux méthodes et les deux modes de raisonnement se retrouvent, en proportions diverses, dans chacun des groupes de sciences.

Claude Bernard et Poincaré l'ont démontré avec une compétence indiscutée : il y a du subjectif et de l'objectif, il y a surtout de l'induction et de la déduction dans les sciences rationnelles comme dans les sciences expérimentales. Les unes et les autres sont édifiées sur et par la méthode positive ; elles ont, les unes et les autres, la même valeur de certitude et d'invention, d'existence et d'autorité.

Dans la construction des unes et des autres, il ne faut pas oublier l'intervention souveraine de l'élément psychique personnel du savant inventeur et créateur.

CHAPITRE VI

SCIENCE ET MORALE

1. Principes d'une morale scientifique. Conception biologique de la liberté humaine. — 2. La liberté humaine et les lois générales du monde. — 3. Notion biologique de responsabilité d'obligation morale, de devoir et de droit. Les idées-lois de la conduite humaine.

---

1. Principes d'une morale scientifique. Conception biologique de la liberté humaine.

Le chapitre de la morale est certainement celui pour lequel la question des rapports de la philosophie et de la science se pose la plus grave, la plus angoissante et la plus pratique — en même temps que la plus discutée.

C'est la question de l'existence même de la *morale scientifique* qui se pose : peut-on baser une morale, c'est-à-dire une science des idées-lois de la conduite humaine, sur une science positive, comme nous avons vu qu'on peut le faire pour la science des idées-lois du raisonnement humain ou logique (1)?

J'ai déjà indiqué qu'il est impossible de baser une morale sur une science imprégnée du dogme transformiste et moniste. S'il n'y a qu'une science s'appliquant à l'homme et à tous les êtres de l'univers, si les lois qui régissent l'homme sont toutes les mêmes — et exclusivement les mêmes — que celles qui régissent les autres

(1) Les sciences morales et sociales et la biologie humaine (*Revue philosophique*, février 1915).

êtres vivants et les corps bruts, il est impossible de concevoir le libre arbitre et par suite la responsabilité, l'obligation morale, le devoir, le droit...

Tous les auteurs, qui, comme Le Dantec, Albert Bayet... ont développé la doctrine transformiste et moniste jusque dans ses dernières conséquences logiques, ont montré ce qu'ils appellent la faillite de la morale, la destruction de la morale traditionnelle ancienne ; c'est-à-dire que, ne voulant pas baser la morale sur d'autres fondements que la science positive et ne connaissant pas d'autre science positive que la biologie générale et la physicochimie, ils ont purement et simplement nié la morale, qui ne peut évidemment pas être édifiée sur ces sciences. J'ai donné dans le premier chapitre quelques citations suffisantes pour établir ces considérations.

Pour résoudre cette question de la morale scientifique, sans la supprimer, nous nous plaçons sur un terrain, également positif et scientifique, mais cependant très différent du terrain transformiste et moniste, sur le terrain de la biologie humaine, qui montre, chez l'homme, des lois humaines spéciales et des réactions humaines particulières.

Sur ce terrain, nous pourrons édifier une morale scientifique ou plutôt donner une base scientifique à la morale naturelle et traditionnelle du sens commun.

Le principe de toute doctrine morale est dans le libre arbitre. Il n'y a pas de responsabilité et par suite pas de morale sans liberté; d'autre part, il n'y a pas de science sans déterminisme. Comment sortir de cette difficulté?

Nous avons vu que notre première connaissance est celle de notre propre existence. On peut dire que la deuxième, tout aussi importante et presque aussi initiale, est la conscience de notre liberté ; nous avons conscience du moi, de notre personnalité, de notre activité propre et autonome. En présence d'un acte à accomplir, d'une décision à prendre, nous sentons que nous sommes libres d'agir dans un sens ou dans un autre, nous pesons et comparons les motifs et les mobiles de l'une et l'autre solutions, nous savons que nous aurons la responsabilité de la décision qui va être prise ; une fois l'acte exécuté, nous sentons la satisfaction du devoir accompli ou le remords de la faute commise...

Si nous employons constamment dans cet exposé les mots « sentir », avoir « conscience », il ne faut pas croire que nous invoquions ainsi un mode de connaissance sentimental, mystique et par suite non scientifique. Nous connaissons notre liberté par l'intuition comme nous connaissons notre propre existence : c'est une notion aussi certaine, aussi précise, aussi scientifique que celle de notre existence, c'est-à-dire aussi inattaquable que la notion qui est à la base de la science positive tout entière. L'existence de notre liberté est une évidence primordiale comme les idées-lois du raisonnement humain, comme les principes universels, les définitions et les axiomes que tout le monde admet à la base des sciences mathématiques et géométriques, comme le principe de causalité que tout le monde admet et applique à la base des sciences expérimentales.

En d'autres termes, l'homme sait — de science certaine — que l'activité propre de ses neurones psychiques ne se manifeste pas uniquement par des réponses immédiates — réflexes ou automatiques — aux excitations extérieures. Il se sent et se sait capable d'agir *spontanément*, de répondre (dans un certain nombre de cas), plus ou moins tardivement et comme il veut, aux suggestions du dehors. En d'autres termes, l'homme réagit aux lois biologiques de son espèce d'une manière tout à fait spécifique et propre.

Les physiciens admettent — et les monistes généralisent — ce qu'ils appellent la *loi d'opposition de la nature en rapport avec la stabilité*: toute modification, produite dans un système en équilibre stable, entraîne des réactions qui tendent à s'opposer à la modification envisagée. On établit la vérité expérimentale de cette loi dans le monde minéral, dans les phénomènes mécaniques et physico-chimiques. Puis on étend ces conclusions aux phénomènes vitaux et aux phénomènes humains. On étend la loi à la nature entière, depuis l'équilibre du pendule, du fil élastique et des gaz comprimés ou échauffés jusqu'à la défense des êtres vivants à l'état normal et pathologique vis-à-vis de leur milieu environnant, à l'action des toxines et des vaccins et à la pathogénie de la fièvre, comme à la conduite humaine elle-même et à l'organisation des sociétés les plus civilisées. Le point de départ de la démonstration est si rigoureusement expérimental et scientifique et tout . est ensuite si merveilleusement enchaîné et déduit que — non sans quelque étonnement — on se voit, à la fin, obligé d'admettre — sous peine d'hérésie scientifique — que la loi d'opposition ou de réaction contraire explique aussi bien les folles ambitions de l'Allemagne et la certitude de notre victoire prochaine que le retour à sa position d'équilibre d'un poussah bousculé, dont le centre de gravité est situé assez bas (1).

Ce livre tout entier essaie de réfuter cette proposition et de combattre l'erreur de ceux qui veulent généraliser à tous les êtres vivants et à l'homme lui-même cette loi physicochimique. Pour le moment, je me contente d'inscrire nettement contre la généralisation de cette loi le fait, scientifiquement établi, de l'activité propre et spontanée de la personne humaine.

Déjà, dans les réactions de tous les êtres vivants, on voit apparaître une loi de finalité biologique, qui modifie et complique la loi physicochimique d'opposition. Les êtres vivants, qui ont des neurones psychiques, exécutent des actes qui ne sont pas la réponse immédiate à l'excitation provocatrice, qui sont des actes vraiment psychiques, des actes voulus.

(1) Voir la communication de mon collègue Meslin et ma réponse à l'*Académie des sciences et lettres de Montpellier*, avril-mai 1916.

Chez l'homme, ces actes voulus, personnels, apparaissent, quand ils sont délibérés et réfléchis, avec un caractère de spontanéité plus grande, d'activité plus personnelle. Et ainsi apparaît dans les actes humains une *contingence* toute particulière — que l'on peut opposer à la nécessité des actes des animaux — une intervention directe de l'individu voulant, qui empêche de prévoir l'acte de l'homme comme on prévoit l'acte des animaux.

C'est le caractère de la réaction humaine aux suggestions extérieures que l'on désigne sous le nom de liberté ou libre arbitre.

Je sais que le fait est très contesté : beaucoup de philosophes pensent que cette notion de liberté, que nous puisons en nous-même, est une « illusion ». « Ayons », dit Duprat, « la franchise de dire, d'enseigner, de démontrer que la liberté, telle qu'on la conçoit trop souvent, est une illusion, due, comme Spinoza l'avait pressenti, à l'ignorance de la plupart des causes déterminantes de nos décisions. » De même pour Schopenhauer, cité par Naville, les « actes humains sont absolument déterminés. La volonté est un phénomène du même ordre que les réactions du monde inorganique ». — Non, certes ; il y a un élément de plus : l'activité propre du neurone psychique de l'homme, l'élément humain.

Je ne m'occupe pas — et cela délibérément — de la question métaphysique de l'essence — et de la notion spiritualiste — du libre arbitre. Ne parlant dans ce livre que de ce que révèle la méthode positive, restant sur le domaine exclusif de la biologie humaine, je peux bien dire que tous les observateurs, les matérialistes comme les autres, constatent et admettent « une distinction très nette entre les actes qui sont accompagnés du sentiment intime de la liberté et de la responsabilité et ceux qui ne le sont pas » (Halleux).

Au moment où j'écris ces lignes, je peux écrire le mot « liberté » ou préférer le mot « libre arbitre » ou dire au contraire « fatalité » ou « nécessité »; je peux interrompre ma rédaction et la reprendre ou non dans une heure... Ce sont là des actes tout différents de l'acte que je fais quand je soulève ma jambe sous l'influence de la percussion de mon tendon sous-rotulien ou du mouvement que je fais quand on me frappe brusquement sur l'épaule, que je tourne la tête et que j'exprime plus ou moins poliment mon impatience.

J'ai insisté plus haut — au chapitre III — sur la distinction que tout le monde fait aujourd'hui entre les actes psychiques supérieurs et les actes psychiques inférieurs, c'est-à-dire les actes dans lesquels intervient et ceux dans lesquels n'intervient pas la volonté personnelle du sujet.

Renouvier a parfaitement établi le fait de la différence entre les actes libres et ceux qui ne le sont pas. Que la démonstration de ce fait vienne de l'affirmation directe de l'expérience interne ou (comme disent les néo-criticistes) d'un acte de croyance rationnelle basé sur l'analyse psychologique de l'acte de délibérer — il importe peu au biologiste, qui se contente de constater et d'analyser les faits psychiques différents des actes réflexes et des actes automatiques et par suite spontanés et libres.

D'ailleurs, il est bien important de le remarquer, la liberté de l'homme n'est pas la liberté *absolue* ou liberté d'indifférence et l'acte libre n'est pas l'acte, l'acte sans causes, comme le prétendent Schopenhauer et déjà Helvetius, pour qui un traité philosophique de la liberté morale est un « traité des effets sans cause ».

En réalité, un acte réfléchi et voulu est toujours une résultante de divers facteurs (mobiles, motifs). L'action de la volonté « ne consiste pas à vouloir sans motifs, mais à choisir, entre les motifs, sans être absolument déterminé dans le choix par les antécédents internes ou externes de l'individu ». Seulement il s'agit de saisir si, parmi les facteurs efficaces, intervient la volonté intelligente, sensible, éclairée, mais libre, du sujet. Or, comme dit Fouillée, « si quelque chose agit dans ce monde, nous aussi, nous agissons ; si quelque chose, après avoir été conditionné, conditionne, nous aussi, nous conditionnons ».

On peut donc dire, avec Duprat, qui a cependant, sur cette question, une manière de voir bien différente de la nôtre : « ces tendances, ces représentations, enchaînées en raisonnements, qui sont les mobiles et les motifs de nos actions, tout cela, c'est nous, c'est notre moi, se déterminant progressivement lui-même... l'idée de liberté doit donc se concilier avec l'idée de déterminisme ; mais alors elle peut être celle d'une *détermination par soi-même*, opposée à celle d'une détermination *par le dehors*, d'une *causalité intime* opposée à la causalité *extérieure*. L'idée d'un homme libre est celle d'un agent, qui est véritablement *agent*, au lieu d'être simplement un intermédiaire pour la transmission des mouvements ».

Ces dernières phrases précisent bien la manière de concevoir les actes libres en biologie humaine : *dans le déterminisme de l'acte libre intervient activement et puissamment l'activité propre et personnelle des neurones psychiques de l'individu vivant*, de ce psychisme humain dont nous avons vu la supériorité transcendante sur celui des autres êtres vivants ; *la liberté distingue et différencie le déterminisme humain du déterminisme des autres êtres vivants*, comme la finalité biologique distingue et différencie le déterminisme des êtres vivants du déterminisme physicochimique de la matière brute.

2. La liberté humaine et les lois générales du monde.

La doctrine — biologique ou scientifique — que je viens d'exposer sur la liberté humaine n'est pas admise par tout le monde ; on peut même dire que beaucoup de philosophes et la plupart des savants, spécialement des

biologistes, ne l'admettent pas et la combattent nettement.

Dans un livre comme celui-ci, je n'ai pas à discuter avec
les métaphysiciens — je n'aurais pas d'ailleurs la compétence nécessaire pour le faire. Mais la discussion sur le
terrain scientifique, l'examen des objections faites au
libre arbitre au nom de la science positive appartiennent
absolument à mon programme.

La plupart des objections reviennent aux propositions
suivantes : avec la notion de liberté vous introduisez
dans votre science de l'homme un facteur non scientifique, qui ne peut pas être étudié scientifiquement, puisqu'il n'est pas déterminé et puisque la science ne peut pas
étudier l'indéterminé et le capricieux ; vous rendez donc
impossible l'étude scientifique de l'homme, puisqu'il
n'y a pas place dans la science pour l'étude de la fantaisie.
En second lieu, ce facteur libre arbitre non seulement
n'est pas susceptible d'une étude scientifique, mais encore
est par lui-même antiscientifique ; il est contraire aux
lois scientifiques les mieux démontrées qu'il viole et qu'il
méconnaît : il n'existe donc pas. D'après une série de lois
fondamentales de la nature, lois de l'inertie, de la conservation de la force, qui s'appliquent à la matière de tout
l'univers, de l'homme comme des autres êtres vivants
ou des corps bruts, le cours des phénomènes ne peut pas,
à un moment donné, être interrompu, modifié, renversé
par l'intervention inattendue d'une force libre, c'est-à-
dire toute puissante, créatrice. Admettre le libre arbitre,
ce serait admettre le miracle perpétuel, de toutes les
minutes. Les lois de la nature seraient à la merci et à
la discrétion de chaque homme, ce qui est absurde et
scientifiquement inadmissible.

On voit la force et la valeur de cette argumentation
d'allure complètement et exclusivement scientifique.
J'ai déjà répondu plus haut à la première partie de
l'objection : la notion de liberté, telle que je l'ai admise,
au point de vue biologique, n'empêche pas l'étude scien-

tifique de l'homme ; elle ne supprime pas le déterminisme de la vie humaine ; elle montre seulement que ce déterminisme est plus compliqué que celui de la vie animale ou végétale, à plus forte raison que celui des corps bruts ; elle introduit dans ce déterminisme un facteur interne, le facteur personnel de l'activité propre des neurones psychiques de l'homme.

Ce facteur interne est admis par tout le monde, même par les savants qui n'acceptent que la méthode positive d'étude.

Résumant sa doctrine et aussi celle de Bechterew, Kostyleff dit, à la dernière page de son livre que j'ai déjà cité : « les actes de l'homme se trouvent donc déterminés non seulement par l'action des facteurs externes, mais encore par tout ce qu'il a appris et fait antérieurement ; c'est-à-dire qu'il y a là une détermination aussi exacte que dans le monde extérieur ; mais, pour ainsi dire, double, relevant aussi du passé de l'individu et rendant celui-ci dans une certaine mesure, indépendant du milieu ambiant ». Voilà le rôle du facteur interne et personnel défini comme conclusion à un livre sur le *mécanisme cérébral de la pensée.*

De même, dans un récent article de la *Revue philosophique* sur « le sens de l'évolution », M. Paulhan pose très nettement les termes de la question : « un coup de vent arrache d'une fenêtre un store, le fait tournoyer en l'air, le projette sur le sol ; voilà du mécanique pur. Un organisme se développe selon ses lois propres, un germe fécondé devient poulet ou renard, il se conforme à la forme prévue, fixée, qu'il veut en un sens, qui exprime et achève sa nature propre ; voilà du vital. Enfin un esprit se répand librement sur le monde, avide de le connaître et de le comprendre, tirant de ses explorations des données sur lesquelles il travaille et où il trouve les moyens de diriger sa conduite pour arriver à satisfaire les devoirs qu'il s'est volontairement décidé à faire triompher : voilà du psychique. »

Je ne dis pas que M. Paulhan ait, sur la liberté, les mêmes idées que nous. Mais je peux b.en faire remarquer qu'il pose le problème comme nous, séparant les trois déterminismes : mécanique, vital, psychique ; j'ajoute le déterminisme humain. Dans son dernier déterminisme (psychique humain), M. Paulhan admet le facteur interne, l'élément liberté, « en ce sens, dit-il, plus loin, où la liberté signifie la spontanéité, l'absence de contrainte, la finalité interne ».

Ceci me suffit pour dire que beaucoup d'auteurs, soit savants soit philosophes, admettent le facteur interne spontané, personnel, actif, que nous appelons liberté biologique, sans penser détruire et supprimer le déterminisme humain.

Reste le second argument, non moins important ; la notion du libre arbitre est en contradiction avec les lois générales de la nature et par conséquent est scientifiquement inacceptable.

Nous prendrons l'exposé de cet argument capital dans les ouvrages de Le Dantec et spécialement dans *Science et conscience* et dans *Savoir*.

Dès le dialogue qui sert d'introduction au premier de ces livres, M. « Mesure » pose très nettement sa doctrine à M. « Vieilhomme » : « si la volonté humaine est capable d'aiguiller, elle dépense de l'énergie. Si elle dépense de l'énergie, nous nous trouvons en présence d'un dilemme : ou bien cette volonté, dont nous sommes si fiers quand nous l'étudions subjectivement, n'est, dans chaque cas, si on l'étudie objectivement, qu'un écoulement d'énergie se produisant dans les centres nerveux conformément au principe de Carnot ; cet écoulement se produit d'une manière déterminée, dans des conditions déterminées et amorce fatalement un phénomène déterminé ; alors la liberté est une pure illusion, et c'est justement ce que je crois — ou bien la volonté est un principe immatériel capable de fournir sans rien dépenser

une quantité d'énergie suffisant à amorcer un phénomène
dans un sens choisi ; alors il y a commencement absolu ;
il y a production d'énergie sans dépense. Le principe de
la conservation de l'énergie a vécu ! »

Avec une moindre apparence de rigueur scientifique,
mais tout aussi énergiquement, Le Dantec dit, de même,
ailleurs : « il y a des vérités scientifiques établies aujour-
d'hui d'une manière indiscutable, qui peuvent servir à
démontrer, sans d'ailleurs les remplacer par rien, que les
principes sur lesquels repose la conduite ordinaire des
hommes sont tous faux. Ces vérités, on peut y arriver sans
trop d'efforts. La conservation de l'énergie, établie dé-
sormais comme une vérité rationnelle et qui a par conséquent la valeur d'un théorème de géométrie, réduit à la
condition de pures fables toutes les belles histoires que
nous racontent à l'envi les philosophes au sujet de la
liberté et de la responsabilité humaines, du mérite et
du châtiment... Pour le monde qui est en dehors de moi
et qui comprend tous les hommes sauf moi qui leur res-
semble, la physique nous enseigne qu'il n'y a pas de liberté.
La liberté est un mot qui n'a de sens que dans le langage
anthropomorphiste, dont aucun mot n'est défini par la
considération des faits... La méthode scientifique oppose
son veto à certaines explications qui contredisent des
vérités établies. La notion de liberté, celle de mérite
et de culpabilité, celle de récompense et de punition sont
dans ce cas ; la physique nous défend d'y prêter la moindre attention. La notion de liberté a donc vécu ! »

Il est impossible de rêver une condamnation plus catégorique de la notion de liberté et par une méthode plus
rigoureusement scientifique et inattaquable. Je crois
cependant qu'il est assez facile de répondre à cette argumentation, tout en restant sur le terrain positif et scientifique.

Nous n'avons jamais dit — et je ne pense pas que personne ait jamais dit — que dans l'acte libre, il y a *création*
de mouvement, dérogation aux lois biologiques ou phy-

sicochimiques : le sujet libre n'est libre que dans l'exercice de sa volonté ; quand, après avoir voulu, il agit, il doit se conformer aux lois biologiques générales et aux lois physicochimiques : sinon, sa volonté libre reste théorique, stérile et inactive dans la pratique.

Le neurone psychique — puisque nous restons sur le seul terrain positif du phénomène encéphalopsychique — emmagasine de l'énergie, qui lui arrive des sources ordinaires et conformément aux lois classiques ; le moment venu, il dépense cette énergie ou une partie de cette énergie dans un *sens* donné ; il la dirige vers un muscle particulier par un nerf ou vers un autre organe par un autre nerf. Il n'y a là aucune dérogation aux lois générales de la nature ni au principe physique de l'inertie ni à la loi de conservation de la force.

A une question donnée que je réponde « oui » ou « non », la dépense d'énergie sera la même ; le principe de Carnot reste en dehors, sauvegardé et respecté dans un cas comme dans l'autre : il vise la quantité d'énergie dépensée, il ne vise en rien l'orientation de cette dépense ; ceci est l'affaire du neurone psychique libre.

Dans son *Essai sur les conditions et les limites de la certitude logique,* mon ancien collègue Milhaud, qui est aussi profond philosophe que savant mathématicien, l'a dit très justement : « qui n'a lu ou entendu cette assertion que la conservation de la force, pour employer une expression courante, condamne, au nom de la rigueur mathématique, la liberté psychologique ? » C'est là une « illusion ». « Si l'on veut bien admettre que je puisse rester libre, quoique je sois incapable de soulever un poids trop lourd ou de voir jaune une couleur noire ; quoique je doive me borner, sous peine de tomber, quand je me tiens sur un seul pied, par exemple, aux mouvements qui n'entraîneront pas la projection de mon centre de gravité au delà du contour de mon pied, etc., pourquoi déclarer la liberté incompatible, avec telles lois physiques que l'on voudra? Aucune démonstration n'existe et ne saurait exister défendant d'imaginer une vie psychologique libre en face des nécessités cinétiques de la matière. »

Comme dit Fouillée dans la *Psychologie des idées forces*, « l'idée n'intervient jamais physiquement de manière à faire brèche au mécanisme universel ».

On n'a donc plus le droit de dire, au nom de la science positive, que la physique empêche de porter la moindre attention à la notion de liberté, que la physique nous enseigne qu'il n'y a pas de liberté. La physique, sur ces problèmes, ne dit rien, ni dans un sens ni dans l'autre ; elle n'a pas à se prononcer sur l'existence ou la non existence de la liberté qui nous est révélée par une autre science (biologie humaine et introspection subjective). Les neurones psychiques dépensent bien de l'énergie ; mais il n'y a là rien de contraire au principe de Carnot, puisque cette énergie avait été antérieurement reçue et emmagasinée par ces neurones. La liberté n'est donc pas une pure illusion antiscientifique.

Le malentendu vient de ce que Le Dantec — et les auteurs qui pensent plus ou moins complètement comme lui — croient toujours que nous admettons une liberté *absolue, créatrice* de force ; ce qui est une sottise. Si on dissipe le malentendu, on trouve dans les ouvrages du même auteur des passages qui prouvent que sa manière de voir n'est pas tellement éloignée de la nôtre.

« Bien entendu, dit-il, je ne parle que de la liberté absolue, celle qui est la base de la morale et de la punition. Il faudrait être dépourvu de sens commun pour nier la liberté humaine, dont chacun de nous se sent doué et qui nous permet de faire ce que nous voulons pour des raisons préexistantes. » — Nous n'en demandons pas davantage. Nous n'envisageons pas l'acte du neurone psychique comme un commencement absolu ; cet acte est déterminé par l'activité propre du neurone, préexistante, résultante d'une série de facteurs d'origine ancestrale, d'origine extérieure et personnels.

Ailleurs Le Dantec montre combien l'acte de l'homme

diffère de l'acte d'un petit cavalier de papier placé sur
les cordes d'un violon à côté d'un autre violon sur lequel
on joue. Le cavalier se meut nécessairement quand un
certain son se produit, tandis qu'un « homme qui entend
un morceau de musique, danse *s'il veut*, chante *s'il veut*,
en accompagnant les exécutants, c'est-à-dire que tout
observateur, autre que l'homme considéré lui-même,
ne pourra prévoir d'avance si cet homme dansera ou chan-
tera au son de la musique. » Cet exemple permet de comprendre la nature des déterminations humaines. En voici
le caractère principal : « il est impossible de prévoir ce
que fera un homme en présence de tel ou tel facteur
d'action.. C'est pour cela qu'on dit que l'homme est
libre ! Il est libre pour un observateur étranger parce que
l'observateur étranger ne peut pas prévoir ce qu'il fera.
Il est libre pour lui-même parce que l'épiphénomène
accompagnant le départ de l'influx centrifuge a, dans sa
subjectivité, l'aspect d'un phénomène de volonté... En
d'autres termes, l'homme normal, sauf en présence d'une
excitation trop forte, se détermine après avoir réfléchi
(c'est l'association d'idées correspondant au voyage de
l'influx dans les centres supérieurs) ; l'homme aboulique
ne se détermine pas et réfléchit trop, l'impulsif se détermine sans avoir réfléchi. »

N'ai-je pas le droit de dire qu'il y a un simple malentendu entre cette doctrine et celle que nous soutenons
ici.

Entre la doctrine du *déterminisme absolu*, qui assimile
l'homme au caillou et supprime toute responsabilité, toute
idée de mérite et de démérite et par suite toute morale —
et la doctrine de la *liberté absolue* qui donnerait à l'homme
le pouvoir absurde de créer ou de supprimer de l'énergie
et de troubler les lois de l'univers, doctrine que personne
n'a jamais soutenue, mais que Le Dantec discute — il y
a place pour une doctrine scientifique, *notion biologique
de la liberté*, qui reconnaît aux neurones psychiques
humains une activité propre, autonome, leur permettant

de dépenser ou de conserver, d'orienter dans un sens ou dans un autre l'énergie antérieurement accumulée ; ce qui empêche de prévoir l'acte de l'homme, tandis qu'on prévoit celui de la pierre et celui de l'animal.

Pour établir l'existence chez les animaux d'une liberté égale à celle de l'homme, Draper dit : « quelle déduction frappante nous pouvons tirer de cette observation de Huber, qui a si bien écrit sur ce sujet : si vous regardez attentivement une fourmi au travail, vous pourrez dire, après chaque opération, l'opération qu'elle fera ensuite. Cette fourmi raisonne donc et voit donc les choses de la même manière que nous. »

Je ne sais si cela prouve que la fourmi *voit* les choses comme nous (puisque dans le monde physicochimique on peut, encore bien mieux, prévoir la succession des phénomènes ; mais cela prouve surtout que la fourmi ne *veut* pas les choses comme nous. Dans l'enchaînement des actes libres de l'homme, il est impossible de prévoir, après chaque opération, l'opération qu'il fera ensuite.

Avec Dunan, il faut distinguer « la sagesse toute mécanique de l'animal » et « la sagesse intelligente de l'homme, qui sait ce qu'il fait et qui le fait parce qu'il veut ».

Palante dit, de même, dans son *Précis de sociologie* : « nous croyons, pour notre part, qu'il existe un déterminisme sociologique comme il existe un déterminisme psychologique. Mais nous n'en conclurons pas qu'il est impossible à la volonté humaine d'intervenir dans les phénomènes sociaux pour les modifier ou les diriger ; le tout est ici de s'entendre sur la manière dont doit se définir la volonté humaine. Entend-on par volonté un pouvoir d'indifférence sans commune mesure avec le milieu où elle est appelée à agir et susceptible de créer de toutes pièces par un fait absolu des conditions nouvelles d'existence, il est clair que la conception de l'intervention d'une telle volonté ne peut trouver place dans la science. Mais entend-on par volonté un pouvoir de réflexion et d'action susceptible de concevoir des idées et de les réaliser, en se conformant aux conditions ambiantes et aux lois générales de la nature physique et morale? Alors il est possible d'admettre, rationnellement et scientifiquement, l'intervention de la volonté humaine. Cette action n'est plus inintelligible, puisqu'elle s'exerce, non contrairement, mais conformément au déterminisme naturel et en particulier à la loi psychologique des idées-forces ».

Je crois vraiment que c'est là la doctrine exposée par moi dans ce paragraphe comme conception biologique de la liberté humaine — doctrine que Fouillée synthétise dans ce passage de la *Psychologie des idées forces* : « la liberté est la causalité intelligente du moi... La volition appelée libre est celle qui a pour première condition l'idée même de notre liberté comme pouvoir de choisir avec conscience entre deux contraires, dont aucun ne peut se réaliser sans ce choix ».

Cette « causalité intelligente du moi », telle qu'elle se présente chez l'homme, est bien un caractère spécifique de l'espèce humaine, à ajouter aux autres caractères indiqués plus haut pour spécifier absolument l'espèce humaine fixée.

3. NOTION BIOLOGIQUE DE RESPONSABILITÉ, D'OBLIGATION MORALE, DE DEVOIR ET DE DROIT. LES IDÉES-LOIS DE LA CONDUITE HUMAINE.

L'idée d'action personnelle et libre du sujet agissant, dont je viens de parler, entraîne l'idée de sa *responsabilité*.

La responsabilité est niée par tous ceux qui, subjugués par le dogme du transformisme et du monisme, confondent les réactions de l'homme avec les réactions des autres êtres vivants et de l'univers entier.

« La transition, dit Herbert Spencer, des actes indifférents aux actes bons ou mauvais se fait par degrés ; une conduite où la moralité n'intervient pas, se transforme par des degrés insensibles et de mille manières en une conduite morale ou immorale ». De même, Le Dantec étudie la volonté des plastides, remonte ensuite jusqu'à l'homme et conclut que « le passage graduel et raisonné des protozoaires à l'homme autorise l'extension du principe de l'inertie à tous les corps de la nature ». Donc, aucune activité personnelle chez l'homme, pas plus de responsabilité chez lui que chez le caillou. Albert Bayet le déclare nettement : l'idée, « sainte, mais vieillie », de la responsabilité individuelle « craque » et on peut « sans témérité, en prévoir la disparition. En définitive, conclut-il, « ne rédigeons pas un code de devoirs ; la science ne connaît ni devoirs ni responsabilité ».

Toute la doctrine exposée dans ce livre réfute cette manière de voir : les lois de la vie humaine, en particulier les lois de la conduite humaine, sont tout autres que les lois du reste de l'univers et les réactions de l'homme à ses lois sont absolument différentes des réactions des autres animaux et des corps bruts.

L'homme est libre d'obéir ou non aux lois de la conduite humaine ; obéissant volontairement, il est responsable de ses actes, vis-à-vis de sa propre conscience, vis-à-vis de la société et de l'humanité, vis-à-vis de la science qui édicte les lois biologiques humaines.

Et dans les éléments constitutifs de cette responsabilité de l'homme, figurent bien la fonction psychique du système nerveux, l'état matériel des neurones psychiques étudiés par le biologiste humain, puisque les maladies organiques de l'écorce cérébrale (paralysie générale...) atténuent ou suppriment cette responsabilité dans certains cas. C'est pour cela que, contre l'avis du regretté Gilbert Ballet et de la plupart de mes confrères aliénistes, j'ai toujours soutenu — et je soutiens encore — que l'expertise de la responsabilité, de l'irresponsabilité ou de la responsabilité atténuée appartient absolument et exclusivement au médecin (1).

(1) Le problème physiopathologique de la responsabilité (*Journal de psychologie normale et pathologique*, mars 1905). — La responsabilité

C'est par *l'obligation morale* que l'homme est lié à l'exécution de ses lois.

On discute beaucoup cette notion de la *science obligeant* l'homme à telle ou telle chose. Au nom de quoi et en vertu de quelle autorité la science peut-elle dicter à l'homme sa conduite?

Il est certain qu'une obligation morale uniquement basée sur la science est infiniment moins forte, moins efficiente qu'une obligation basée sur la notion d'un Dieu législateur et juge. Mais, quoique moins forte, cette obligation n'en existe pas moins et revient au principe général des rapports qui unissent les divers corps de la nature à leurs lois — rapports que la science ne crée pas, qu'elle révèle et enseigne simplement, qui tirent par conséquent leur valeur et leur autorité, non de la science, mais de la nature même des choses.

Les idées-lois de la conduite humaine, comme les idées-lois du raisonnement humain que nous avons déjà étudiées, sont les lois naturelles de l'homme comme la pesanteur est une loi de l'univers physicochimique et la conservation de l'espèce, une loi de l'univers vivant. Tout le monde comprend que ces lois biologiques générales ou physicochimiques s'imposent aux animaux ou aux cailloux. De la même manière, les idées-lois de la conduite humaine s'imposent à l'homme ; seulement, celui-ci étant libre, ces lois ne peuvent s'imposer à lui que sous la forme d'obligation purement morale.

Je ne dis pas que ceci constitue une explication de l'obligation morale basée sur la science. Mais cela fait du moins rentrer cette obligation morale à base scientifique dans le groupe, déjà connu, des rapports qui unissent les différentes lois de l'univers aux corps auxquels elles s'appliquent.

atténuée (*Ibid.*, septembre 1906). — La responsabilité des criminels devant le Congrès des aliénistes et neurologistes de Genève (*Ibid.*, novembre 1907). — *La responsabilité des criminels*, Paris, Bernard Grasset, 1907.

Les lois biologiques de la vie humaine sont aussi précises et aussi certaines que les lois biologiques des autres êtres vivants et que les lois physicochimiques des corps bruts. Cependant les hommes n'obéissent pas à ces lois avec l'unanimité et l'exactitude que l'on admire chez les autres êtres de l'univers, parce que ces lois, *matériellement obligatoires* pour les animaux et les cailloux, sont obéies par eux automatiquement et nécessairement ; tandis que, pour l'homme, elles n'entraînent que l'obligation morale : *l'homme a le devoir d'obéir à ses lois biologiques propres.* C'est là un principe général que la biologie humaine proclame scientifiquement et qui s'applique à l'espèce humaine tout entière.

Cette idée de *devoir*, basée sur l'idée de liberté, de responsabilité, de bien et de mal, de mérite et de démérite se complète par l'idée de *droit*, le droit étant *la faculté que doit avoir tout homme de faire son devoir.*

L'existence d'un *droit biologique* a été remise en discussion dans ces derniers temps par le professeur Anthony qui a inscrit « le *prétendu* droit biologique » comme sous-titre à son livre : *La force et le droit.* Ce qu'il y a de particulièrement intéressant dans ce livre, c'est qu'il ne part pas de doctrines initiales analogues à celles de Le Dantec ou d'Albert Bayet. L'idée mère du livre de M. Anthony nous est, au contraire, commune, à lui et à moi — et à beaucoup d'autres — comme il a l'amabilité de le reconnaître.

Il combat en effet énergiquement les doctrines qui se synthétisent dans la formule « la force fait, crée ou est le droit », en les confrontant avec la science, en les passant « au crible de la raison », en un mot en les poursuivant « sur leur propre terrain. C'est seulement ainsi, dit-il, que l'on peut espérer, je crois, calmer les inquiétudes de ceux qui peut-être encore ont l'arrière-pensée que ces théories, dont les dangers ne sauraient leur échapper, qui heurtent si violemment leurs sentiments hu-

mains, sont cependant rigoureusement déduites de données scientifiques incontestables ». Et il ajoute : « C'est
ce qu'ont bien compris le professeur Grasset et M. P. Chalmers Mitchell. Le premier, dans son article du *Correspondant* (La science, le droit et la force ; les conclusions
de la biologie humaine, 25 octobre 1914) et le second dans
son livre *Le darwinisme et la guerre* (trad. M. Solovine.
Bibliothèque de philosophie contemporaine, Paris, Alcan,
1916), paru pendant que le présent ouvrage s'imprimait
tendent exactement vers le but qu'avec d'autres arguments et en m'appuyant sur des bases différentes, je vais
essayer de remplir. »

Mais, cette première démonstration une fois faite,
M. Anthony, continuant son argumentation, arrive à
conclure que le *droit biologique n'existe pas*. Associant les
deux propositions, il déclare formellement « non seulement qu'aucun fait scientifique n'autorise à conclure
que la force fait, crée ou est le droit, mais même qu'il
est, au plus haut point, antiscientifique de vouloir seulement poser la question du fondement positif de ce que
l'on doit appeler le droit ».

Comment, par les mêmes méthodes positives, évoluant sur
le même terrain scientifique, pouvons-nous, M. Anthony
et moi, arriver sur deux questions connexes, à des conclusions, identiques pour l'une et opposées pour l'autre?

Avec beaucoup de raison, l'auteur pose d'abord les
définitions du droit.

Pour le droit naturel, il accepte la conception de Hob-
bes : « la liberté que chacun a d'user, comme il l'entend,
de la puissance dont il dispose pour préserver sa propre
nature, c'est-à-dire sa propre vie ». Comme droit artificiel, il y a le droit du plus fort, le droit légal et le bon
droit : « lorsque, se rendant plus ou moins nettement
compte de ce qui vraiment devrait être la dose de liberté
laissée à chacun, on juge qu'une liberté trop grande est
prise par un autre, on estime alors que cet autre porte
atteinte au bon droit. »

C'est évidemment de ce dernier — bon droit, droit moral — qu'il s'agit exclusivement dans le débat actuel. Car le droit, uniquement considéré comme liberté de protéger sa vie, se confond avec la force et n'est pas le droit — n'est pas, en tout cas, à discuter ici.

La question se pose donc ainsi : y a-t-il un droit moral biologique? ou mieux : y a-t-il une morale biologique? Peut-on baser et édifier une morale sur la science positive?

Je n'ai pas besoin de redire que la réponse à cette question variera suivant qu'on prendra telle ou telle science comme fondement de la morale. Ainsi apparaît la divergence possible des conclusions, telle qu'elle s'est réalisée entre M. Anthony et moi.

Albert Bayet, Pierre Laffitte, Buchner... tous les monistes concluent par la négative. M. Anthony — je me hâte de le dire — ne préconise pas la doctrine moniste complète ; mais il confond la science de l'homme dans la science générale de tous les êtres vivants (biologie) et alors, avec une logique absolue, il montre positivement que le droit biologique n'existe pas. Avec ce point de départ, avec la domination complète du dogme transformiste et moniste, l'argumentation de M. Anthony est inattaquable : le droit biologique n'existe pas parce qu'il est impossible de comprendre le droit moral comme le simple perfectionnement d'une faculté déjà présente, à des degrés moindres, chez toutes les espèces vivantes.

La divergence de vues dérive donc tout entière de ce que M. Anthony ne veut pas distinguer la biologie humaine de la biologie générale. Admettre cette distinction, « c'est en revenir, dit-il, à cette conception du règne humain, qui semblait pourtant depuis longtemps abandonnée. En dépit de la prééminence intellectuelle de l'homme, et qui est incontestable, la biologie humaine ne peut pas être mise plus à part de la biologie animale que celle du chien ou de l'escargot ; il n'est, en effet, comme nous l'avons vu, aucune raison scientifiquement valable pour considérer la prééminence intellectuelle comme plus particulière et plus importante *en soi* que n'importe quelle autre prééminence, celle de l'adaptation à la nage ou à la course, par exemple ».

Si nous discutions une question de mouvement ou de digestion, la comparaison des caractères psychiques de l'homme avec ceux de l'escargot n'aurait peut-être pas plus d'importance que la comparaison des caractères musculaires ou intestinaux de ces deux espèces animales éloignées. Mais, quand on discute les questions de droit et de morale, questions éminemment psychiques, la constatation de la prééminence intellectuelle de l'homme et des caractères spéciaux de cette prééminence a bien une importance particulière pour la comparaison de l'homme à l'escargot.

Restant sous le joug du dogme transformiste, ne voulant pas sortir des doctrines évolutionnistes, M. Anthony argumente logiquement comme l'indiquent les sommaires des chapitres consacrés à la discussion du « prétendu droit biologique» : « la théorie biologique du droit ; le raisonnement auquel elle se réduit. Comment, étant accordé que la sélection, qui résulte des luttes, est le facteur essentiel de l'évolution, le fait d'admettre que cette dernière est une marche dans le sens du progrès conduit nécessairement à envisager la force comme le fondement du droit. — La prétendue loi de progrès continu ; son caractère antiscientifique et mystique ; son origine... »

Tout mon livre a pour but de réfuter cette doctrine en se basant sur la biologie humaine distincte des autres sciences (biologiques et physicochimiques) et soustraite au dogme du transformisme : avec ce point de départ, positif et scientifique, on voit au contraire apparaître et se constituer la notion du droit biologique, positive comme la science d'où on la déduit.

Suivant une classification indiquée plus haut pour les idées-lois en général, je divise les *idées-lois de la conduite humaine* en : 1º idées-lois universelles, antérieures et supérieures à l'expérience, présentes au fond de la conscience de tout homme dès son existence comme homme ; fixes et éternelles ; 2° idées-lois générales, établies et démontrées par la biologie humaine, variant et progressant avec cette science... Ces deux groupes représentent bien, l'un l'élément fixe et l'autre l'élément variable et perfectible de toute morale.

A l'universalité des principes fondamentaux de la morale on objecte souvent les variations successives, quelquefois très profondes, qu'ont présentées les sciences morales aux différentes époques et chez les différents peuples ; et on a beau jeu à développer cet argument en examinant « les jugements et les sentiments moraux d'un homme non civilisé ou appartenant à une civilisation autre que celle de notre société: d'un Fuégien, d'un Grec de l'époque homérique, d'un Hindou, d'un Chinois ». C'est l'argumentation de M. Lévy-Bruhl dans *la Morale et la science des mœurs* contre ce qu'il appelle le second postulat des morales théoriques et qu'il formule ainsi : « le contenu de la conscience morale forme un ensemble harmonieux et organique... la conscience morale de l'homme posséderait une unité organique, une sorte de finalité interne, comparable à celle des êtres vivants ; les commandements qu'elle édicte soutiendraient entre eux des rapports logiquement irréprochables et cette unité harmonique de la conscience morale correspondrait à l'unité systématique de la morale théorique... Tout ce qui apparaît comme moralement obligatoire revêt, *ipso facto*, le même caractère sacré et semble, par conséquent, avoir la même origine, faire partie d'un même ensemble ».

M. Lévy-Bruhl s'efforce de réfuter ce postulat en même temps qu'un premier qu'il formule ainsi : « la nature humaine est toujours identique à elle-même, en tous temps et en tous lieux ». D'après cet auteur, ces deux postulats ne sont pas mieux fondés l'un que l'autre. Pour que les impératifs puissent être élevés à la dignité de loi morale, il faudrait « qu'ils puissent se présenter comme ayant une valeur universelle, pour tous les temps et pour tous les lieux ».

La biologie humaine répond à cette argumentation. D'abord elle établit, comme je l'ai indiqué plus haut, l'unité de la nature humaine ; ensuite, au fond de cette nature humaine, identique à elle-même, dans tous les temps et dans tous les lieux, elle constate l'existence de certaines idées-lois qui régissent la conduite humaine partout et toujours, depuis que l'homme existe.

Certainement, d'une époque à l'autre ou d'un peuple à l'autre, il y a de très grandes variations sur l'objet du devoir, sur la détermination de ce qui est bien, de ce que nous sommes obligés de faire ou de ne pas faire. Mais il y a une chose universelle, commune à tous les hommes de toutes les époques et de tous les pays : c'est l'*idée* même du *bien* et du *juste*, de l'*obligation* qui s'impose à tous les hommes, du *devoir* qu'ils ont tous de faire le bien et le juste et de ne pas faire le mal et l'injuste, du *droit* qu'ils ont de remplir ce devoir...

Au milieu des variations incessantes de la morale pratique, une idée ne varie pas, caractéristique de l'espèce humaine tout entière, c'est l'idée de la *valeur morale* des actes, qui s'impose à notre *volonté libre* par sa seule force propre, sans idée corrélative de sanction nécessaire, en dehors de toute intervention de la loi écrite, de l'hygiène ou de la science.

Voilà les idées-lois de la conduite humaine universelles, indépendantes de la science, fixes et éternelles. A côté, il y a ensuite les idées-lois de la conduite humaine générales, que la science positive et expérimentale de l'homme découvre et précise de plus en plus au fur et à mesure qu'elle progresse ; elles ne s'imposent donc pas à toutes les générations humaines sous la même forme ; elles varient avec le degré de culture scientifique ; elles sont variables et perfectibles comme la biologie humaine elle-même.

L'idée-loi fondamentale de ce groupe est l'*idée-loi de la finalité biologique humaine,* dont j'ai déjà dit un mot plus haut. C'est la loi de finalité biologique générale qui régit tous les êtres vivants, *sous une forme toute spéciale* basée sur les caractères spécifiques de l'homme espèce fixée que nous avons déterminés plus haut.

La fin de l'homme se spécifie surtout — et se distingue surtout de la fin des autres êtres vivants — par la *faculté de progrès indéfini*, que nous avons donnée comme le deuxième caractère spécifique de l'homme.

L'idée-loi de finalité biologique humaine apparaît donc sous cette forme : l'homme doit conserver, défendre et accroître sa propre vie, physique et psychique, et la vie de l'espèce, c'est-à-dire qu'il doit, non seulement accroître sa vie et la transmettre, mais encore participer au mouvement, ascensionnel et continu, de progrès qui est la loi même de l'humanité.

C'est de l'ensemble et de la combinaison des deux ordres d'idées-lois de la conduite humaine dont je viens de parler que ressort la notion des *devoirs biologiques* que j'ai étudiés ailleurs (1), ainsi que les *périls* qu'entraîne, pour l'individu et pour la société, l'inobservation de ces devoirs.

Ainsi sont constituées scientifiquement les deux parties de la morale : la partie *normative*, antérieure et supérieure à la science, mais constatée expérimentalement par la science chez chacun de nous, chez tous les hommes de tous les temps et de tous les lieux, — et la partie *pratique* qui est directement l'objet de la biologie humaine, qui procède de cette science, qui en suit et utilise tous les progrès.

Ainsi sont établis l'*élément fixe* et l'*élément variable* de la morale et par suite tombent la plupart des objections formulées par divers auteurs contre la tendance contemporaine à donner une base scientifique (biologique) aux sciences morales et à fonder ainsi une *morale biologique* — et par là même une sociologie biologique, comme nous allons le voir dans le chapitre suivant.

(1) *Devoirs et périls biologiques* (Bibliothèque de philosophie contemporaine, 1917).

CHAPITRE VII

SCIENCE ET SOCIOLOGIE

1 La loi biologique fondamentale de la société humaine n'est pas la loi darwinienne de la lutte et de la concurrence. — 2. La famille, notion biologique de l'hérédité et du mariage. — 3. La patrie. Morale internationale.

I. LA LOI BIOLOGIQUE FONDAMENTALE DE LA SOCIÉTÉ HUMAINE N'EST PAS LA LOI DARWINIENNE DE LA LUTTE ET DE LA CONCURRENCE.

L'invasion des dogmes moniste et transformiste dans la philosophie entraîne comme corollaire logique et nécessaire cette proposition : la lutte et la concurrence sont la loi unique de l'homme et des sociétés humaines. S'il n'y a qu'une science et par suite une seule sorte de lois communes pour l'homme, pour tous les êtres vivants et pour l'univers tout entier, les rapports des hommes entre eux doivent être régis par les mêmes principes que les rapports des hommes avec les autres êtres vivants et avec l'univers inanimé, que les rapports mutuels des autres êtres vivants et de tous les corps de l'univers.

Or, comme l'a dit Le Dantec, « être, c'est lutter ; vivre, c'est vaincre ». La vie est une bataille, dont l'issue n'est définitivement désastreuse pour l'individu que le jour de sa mort.

Ceci est une proposition très vraie. La loi de bataille et de concurrence domine l'univers tout entier et s'impose

à l'homme aussi comme toutes les lois naturelles (physicochimiques et biologiques). La proposition ne devient
monstre et erronée que quand on ajoute : l'homme n'a
que les lois communes au reste de l'univers ; dans ses
rapports avec ses semblables il doit appliquer cette même
loi de la bataille et de la concurrence. C'est ce qu'a soutenu Le Dantec, dans *l'Égoïsme seule base de toute société;
étude des déformations résultant de la vie en commun.*

« Je reste convaincu, dit-il, que l'étude des hommes,
comme celle de tous les autres êtres vivants, est du domaine
exclusif de la biologie... Or, *la biologie, science objective, ne
nous enseigne que la lutte et la sélection résultant de la lutte...*
Nous admirons, parce qu'ils sont rares, les échantillons de
l'espèce humaine dans lesquels les qualités sociales luttent
victorieusement, sans qu'ils aient besoin de recourir à
l'hypocrisie, contre l'égoïsme et la férocité primitives.
Nous nous sommes même proposé un idéal transcen-
dant, qui serait revêtu de toutes les vertus sociales et
dépourvu de toutes les nécessités individuelles. Jésus
nous a dessiné ce type idéal de bonté, de charité, de fraternité et d'amour ; et, après vingt siècles, nous le pour-
suivons encore. En voyant combien il est éloigné de la
réalité, nous aurions pu nous demander si cet idéal était
viable et si l'homme selon le cœur de Jésus-Christ est
capable de se multiplier sur la terre. La biologie nous
apprend *qu'il ne le peut pas*, puisque la vie est une lutte...
La seule définition que la biologie puisse donner des droits
de chaque individu est de déclarer que *les droits de chacun sont en rapport avec sa capacité de nuire...* Pour le
biologiste, l'exposé des droits de l'homme revient à dire
à un groupe d'individus : *vous êtes plus forts que ceux qui
vous oppriment ; unissez-vous et vous les opprimerez à
votre tour jusqu'à ce que la désunion se mette parmi vous.*
Les hommes se laisseront volontiers convaincre et *l'humanité sera le siège de luttes perpétuelles* ; les richesses
changeront souvent de mains jusqu'au jour où la source
des richesses sera tarie par l'humanité désunie. *Au fond,*

je ne vois pas au nom de quel principe on pourrait regretter un tel événement... L'existence d'un ennemi commun est une nécessité de premier ordre pour la fondation d'une société. » Les associations se fondent, « basées sur le respect réciproque d'égales capacités de nuire... En cherchant à la source de nos sentiments les plus élevés et les plus sublimes, nous trouvons toujours une *convention sociale basée sur l'intérêt individuel* ; et cela est tout naturel, puisque la vie est une lutte et que l'égoïsme est inséparable de notre instinct de conservation. *Un véritable altruiste mourrait incontinent...* N'oublions pas que, *avant* d'être des associés, les êtres vivants sont des individus, donc des *concurrents*, des *ennemis*. Toute l'histoire de l'homme actuel est dans cet antagonisme entre l'égoïsme individuel pur et l'égoïsme de l'individu qui profite de la société ». Le droit de la force « a une valeur indiscutablement supérieure à celle de tous les droits subjectifs sentimentaux... *On obéit à la loi parce qu'on a peur de la répression qu'entraînerait la désobéissance* et, par conséquent, il n'est plus question que d'une chose : *savoir si l'on est assez fort pour résister*. Nous revenons ainsi à la première formule des temps barbares : *le droit de chacun est proportionné à sa capacité de nuire* ».

Je n'ai pas besoin d'insister pour montrer — comme je l'ai fait ailleurs (1) — le puissant appui, logiquement déduit et scientifiquement basé, que donne cette doctrine à la formule allemande : *la force fait le droit*.

On voit facilement, ce me semble, le vice initial de raisonnement qui fausse toutes les déductions de Le Dantec et entraîne logiquement les conclusions antisociales que je viens d'indiquer.

Cette erreur consiste à poser comme un axiome indiscutable que pour l'homme les choses se passent identi-

(1) La science, le droit et la force. Les conclusions de la biologie humaine (*Le Correspondant*, 25 octobre 1914).

quement comme chez tous les autres êtres vivants et dans tout l'univers ; or, dans tout l'univers règne la loi de la lutte et de la concurrence ; donc, entre les hommes, il ne peut pas y avoir d'autres rapports que la force et la capacité de nuire, ni d'autres sentiments que l'égoïsme féroce : *homo homini lupus*.

On est étonné de voir des esprits éminemment scientifiques, entraînés aux méthodes positives, logiciens inattaquables, admettre à priori, avant toute observation et tout raisonnement, un syllogisme dont la majeure, non seulement n'est pas démontrée par l'expérience, mais encore est manifestement contraire à l'expérience.

En effet, si, sans parti pris de monisme et de transformisme, on observe l'homme objectivement et subjectivement, on constate le progrès psychique continu et indéfini dont nous avons fait le deuxième caractère spécifique de l'espèce humaine fixée. De cette constatation découle cette seconde proposition que la loi de finalité biologique humaine est bien différente de la loi de finalité biologique générale, puisqu'elle doit tenir compte de cette marche progressive de l'humanité vers une science toujours croissante et plus grande.

Donc — et cela prouve immédiatement que les rapports entre hommes sont tout autres que les rapports entre les hommes et le reste de l'univers ou entre les différents corps de l'univers — donc tous les hommes doivent non seulement maintenir et défendre la forme fixe de l'espèce, comme tous les autres êtres vivants ; mais encore ils doivent tous collaborer, chacun pour sa part, à ce progrès psychique indéfini de l'humanité.

Or, si tous les hommes ont ce devoir biologique strict, tous n'ont pas les mêmes facultés et les mêmes aptitudes pour le remplir. Nous avons vu que l'homme doit profiter des acquisitions scientifiques des générations précédentes : il faut donc qu'on les lui communique, qu'on lui apprenne à s'en servir, à les développer et à les accroître à son tour.

En d'autres termes, non seulement la lutte et la concurrence entre hommes, mais même l'isolement et le travail séparé de chaque individu, rendraient impossible l'accomplissement de ce devoir biologique absolu qui correspond à une loi naturelle de l'espèce humaine : il faut, pour remplir ce devoir, que les hommes s'entr'aident et collaborent.

La loi biologique, scientifique et positive, qui règle les rapports entre hommes n'est donc pas la loi darwinienne de lutte et de concurrence, mais est au contraire une loi d'amour, de fraternité et de solidarité.

Voilà la loi qui est assignée aux sociétés humaines par la biologie humaine, c'est-à-dire par une science dégagée de tout dogme moniste et transformiste et s'appuyant sur la méthode subjective comme sur la méthode objective, — loi absolument différente de la loi d'égoïsme et de suprématie de la force qui peut rester la loi du reste de l'univers, mais n'est pas la loi de l'homme.

Les théories de Darwin sur la sélection par la force se sont peut-être appliquées universellement à l'époque où l'homme n'avait pas paru sur la terre, elles peuvent s'appliquer encore aux espèces qui naissent, se transforment, disparaissent ; mais elles ne s'appliquent pas à la société humaine, à la réglementation de la vie en société de cette espèce, fixée depuis un grand nombre de siècles, qui constitue le genre humain.

Dans son livre le *Darwinisme et la guerre*, que j'ai déjà eu l'occasion de citer, P. Chalmers Mitchell, biologiste éminent et « évolutionniste darwinien impénitent », développe une doctrine tout à fait analogue à celle que je viens d'exposer dans le paragraphe précédent — et cela toujours exclusivement avec des arguments scientifiques, sans quitter le terrain positif : c'est une réponse aussi éloquente que compétente aux partisans des dogmes moniste et transformiste.

« Depuis que Darwin a persuadé le monde que l'homme descend d'animaux inférieurs, les analogies zoologiques ne nous sont plus présentées comme des ornements littéraires, mais comme des faits scientifiques. Les augures de la Rome impériale décidaient de graves affaires publiques après avoir examiné les entrailles des animaux ou observé le vol des oiseaux. Les philosophes modernes expliquent et justifient la conduite humaine après avoir visité les singes dans les jardins zoologiques ou fait des observations sur la vie familiale des lapins. »

Les Allemands rattachent toute leur théorie de la guerre à l'évolution. « Où que nous regardions dans la nature, écrit von Bernhardi dans son livre populaire *l'Angleterre vassale de l'Allemagne*, nous trouvons que la guerre est la loi fondamentale de l'évolution. Cette grande vérité, qui avait été déjà reconnue dans les siècles passés a été démontrée d'une manière convaincante dans les temps modernes par Charles Darwin ». D'après cette doctrine, « la loi de la nature, à laquelle toutes les autres lois de la nature peuvent être réduites, est la loi de la lutte... la loi du plus fort domine partout... les organismes montent à des degrés supérieurs, non pas en développant leurs propres qualités, mais en exterminant tous leurs concurrents... la guerre se justifie biologiquement, étant donné que ses décisions reposent sur la vraie nature des choses. »

P. Chalmers Mitchell pose ainsi la question : « la lutte pour l'existence, prise dans le sens d'une guerre ou dans un sens quelconque, est-elle une loi scientifique? » et il répond nettement : non.

Il montre d'abord, par une série de faits expérimentaux, combien, pour les animaux et les êtres vivants autres que l'homme, le sens et la valeur de la loi darwinienne ont été faussés et altérés ; dans tous les cas, il conclut, comme dans l'exemple des rats noirs et des rats bruns : « dans toute cette affaire, qui a été examinée avec beaucoup de soin, il n'y a pas trace d'un fait qui puisse servir d'appui à la théorie allemande de la guerre, invoquée comme un exemple de la lutte pour l'existence. »

En fait, la prétention allemande que « la loi naturelle à laquelle toutes les lois de la nature peuvent être réduites, est la loi de la lutte » ne tient pas debout ; d'abord « parce qu'elle *n'est pas du tout une loi mais une hypothèse âprement discutée* », ensuite « parce que, *même si c'était une loi scientifique, il ne s'ensuit pas qu'une loi qui régit les animaux et les plantes doive s'appliquer aussi aux êtres humains* ». Et, à l'appui de ce dernier argument, P. Chalmers Mitchell développe les caractères qui distinguent l'homme des autres êtres de l'univers.

« En faisant une comparaison entre les insectes et les hommes, il ne faut pas oublier que l'analogie est viciée à cause de la *différence extrême dans leur constitution mentale*. Les insectes constituant des sociétés représentent probablement le plus haut degré de perfectionnement de l'acte instinctif, l'homme au contraire représente le plus haut degré qui ait été atteint dans le développement de l'action consciente, intelligente... Dans tous les cas, *la distinction doit être acceptée comme fondamentale et comme rendant impossible toute comparaison utile* (1). »

(1) Dans une récente communication à l'Institut (25 octobre 1917), sur *les Guerres d'insectes*, Bouvier dit : « étant donné que la guerre apparaît avec l'état social et qu'elle se développe avec lui, étant donné en outre qu'elle est une forme de la lutte pour l'existence, il y a lieu de croire qu'elle durera aussi longtemps que les sociétés d'animaux. *Mais on n'a pas le droit d'étendre cette conclusion aux sociétés humaines.* Sans doute, l'homme est un animal par sa structure organique, *mais il déborde l'animalité par la puissance de son esprit* et, si l'on ne peut pas douter qu'il subit, comme tous les êtres, les règles inflexibles de la lutte pour l'existence, il est non moins certain qu'*il apporte dans cette lutte des éléments nouveaux, issus de sa propre spiritualité.* Lorsque ces éléments sont *la recherche et la défense d'un idéal de bonté, de justice, de liberté*, ils constituent des *forces puissantes* qui s'ajoutent à la force matérielle pour assurer le triomphe du droit. Et, puisque, dans la lutte pour l'existence, le succès appartient au plus apte, c'est-à-dire à celui qui met en jeu le plus de forces, il apparaît que les puissances d'un haut idéal contribuent au triomphe dans les luttes humaines ». — Comparer mes articles du *Correspondant* : « La science, le droit et la force ; les conclusions de la biologie humaine » (25 octobre 1914), et « Une loi de biologie humaine ; l'idée fait la force » (25 août 1917).

« Même si la lutte pour l'existance était la seule loi qui ait donné naissance et forme à l'arbre généalogique, elle ne s'appliquerait pas encore nécessairement aux sociétés politiques des hommes ; car la cohésion de ces sociétés ne repose pas sur une descendance commune, mais sur des obligations qui sont particulières à la race humaine. »

Les facteurs variables qui dirigent la vie humaine, « et en particulier le milieu où vit l'esprit, se distinguent des facteurs qui dominent dans les règnes animal et végétal par le fait qu'ils impliquent l'intelligence humaine et le choix conscient, ensuite le commandement conscient de la part de ceux qui gouvernent et l'acquiescement conscient de la part de ceux qui sont gouvernés ».

« Nous savons que *l'homme est en possession d'une qualité toute particulière qu'on appelle conscience et sentiment de liberté*... Aucune doctrine sur l'origine ni aucune preuve évidente en faveur de celle-ci ne pourrait effacer les distinctions entre l'homme et la bête. Si fécond et si intéressant qu'il soit de savoir que nous sommes profondément enracinés dans la terre, *la possession de la conscience et du sentiment de liberté forme une distinction vitale et prédominante* ».

Ces caractères ne peuvent pas être attribués à d'autres qu'aux hommes. P. Chalmers Mitchell cite des passages qui lui paraissent « presque une plaisanterie, et une mauvaise plaisanterie », dans lesquels M. Bergson dit que l'amibe est « vaguement consciente » ; puis, par l'évolution, « l'action deviendra avec le temps de plus en plus complexe, de plus en plus réfléchie et libre. Un être vivant, si simple qu'il soit, est un réservoir d'indétermination et d'imprévu, un réservoir d'actions possibles ou, en un mot, de choix. » Dans la philosophie élégante de nos jours, continue le biologiste anglais, on arrive à admettre « l'existence d'une intelligence et d'un choix conscient chez les protozoaires ». Or, « si la conscience et la liberté, l'action utile et l'intelligence doivent être attribuées aux animaux inférieurs, je ne vois aucune raison pour laquelle on les refuserait aux plantes... Pourquoi nous arrêter au monde organique et ne pas continuer à voir la volonté et des desseins bien arrêtés dans le monde inorganique? Pourquoi ne pas voir le libre choix dans le vent qui souffle où cela lui plaît, un dessein dans le flux et le reflux purifiants de la mer? »

On ne saurait mieux dénoncer les erreurs auxquelles les meilleurs esprits sont conduits par l'invasion et la tyrannie des dogmes moniste et transformiste dans la philosophie. Et il faut bien se rappeler que cette démonstration de P. Chalmers Mitchell est faite par un biologiste éminent au nom et avec les arguments de la seule science positive.

Ce dernier point a été contesté.

Dans un article critique consacré au livre de P. Chalmers Mitchell dans la *Revue scientifique*, M. Étienne Rabaud s'associe à la vigoureuse réfutation des doctrines allemandes exposées dans ce livre, mais reproche à l'auteur d'avoir donné à cette réfutation un « fondement contestable ». Ce fondement est le suivant : d'après Chalmers Mitchell, « l'homme différerait trop de l'animal pour que l'on puisse légitimement conclure de l'un à l'autre ; l'homme possède la conscience et la liberté, il connaît la loi morale, par quoi il se séparerait radicalement de tous les animaux. En émettant cette affirmation péremptoire, le zoologiste anglais *cesse* du même coup *de faire œuvre scientifique*... Vouloir séparer, *du point de vue métaphysique et sentimental*, des organismes que l'on est contraint de rapprocher *du point de vue biologique*, constitue une entreprise un peu *vaine*. »

C'est là une assertion à laquelle je ne saurais sous- crire. Tous les arguments exposés dans le présent livre et dans ma *Biologie humaine* prouvent que l'on peut faire, du point de vue purement scientifique et positif, la dé- monstration que P. Chalmers Mitchell a présentée avec beaucoup de talent et une grande compétence dans *le Darwinisme et la guerre.*

Il faut, en définitive, considérer le livre de P. Chalmers Mitchell comme une éclatante et très précieuse confirmation des doctrines que je développe et puiser dans sa lecture un argument de plus pour proclamer — comme conclusion à ce paragraphe — que *la loi darwinienne de lutte et de concurrence ne s'applique pas aux rapports des hommes entre eux*, ceux-ci étant au contraire *régis par la loi biologique humaine d'entr'aide, d'amour, de solidarité et de collaboration pour le progrès psychique continu et indéfini de l'humanité.*

C'est là vraiment la loi fondamentale et essentielle de la *Sociologie biologique.*

2. LA FAMILLE. NOTION BIOLOGIQUE DE L'HÉRÉDITÉ ET DU MARIAGE.

La famille est le prototype, le modèle et le premier exemple de la société humaine. Nous devons donc retrouver sur la famille les mêmes doctrines, les mêmes conflits de conception et les mêmes difficultés que sur la société humaine en général.

Le Dantec n'a pas manqué, avec sa logique impitoyable, d'appliquer à la famille les idées que nous l'avons vu développer sur la société, formulant inexorablement la doctrine qu'impose à la science le dogme moniste et transformiste.

C'est toujours l'égoïsme, la force, la peur et la puissance de nuire qui sont à la base de l'association. Comme dans toutes les sociétés humaines, dans la famille, qui paraît être la plus ancienne, c'est la défense contre les associations voisines qui est à la base, comme *primum movens.* « L'existence d'un ennemi commun est une nécessité de premier ordre pour la fondation d'une société. » Puis, dans la famille ainsi constituée, apparaissent les habitudes nouvelles qui survivent dans les générations suivantes et déforment ainsi peu à peu les sociétés primitives : *le père, chef par sa force individuelle, reste chef par habitude*, quand ses fils sont devenus grands ; les fils, qui ont obéi étant jeunes, continuent par habitude à obéir à leur père devenu vieux et infirme ; ils se souviennent de cela quand ils deviennent pères à leur tour ; et, « petit à petit, indépendamment de toute considération sur la force respective des pères et des enfants, *il devient entendu* que les fils obéissent à leur père et que le père est le chef de la famille. Si cette habitude est établie depuis assez longtemps, elle prend de plus en plus le caractère métaphysique d'une loi ». Et ainsi, par habitude d'abord, puis par tradition et par hérédité, nous en arrivons à considérer comme monstrueuse la révolte du fils contre le père, «même quand le fils est un homme de grande valeur et le père un despote imbécile... Pour être associés, *les membres d'une famille n'en sont pas moins* des individus distincts, des concurrents, des antagonistes, *des ennemis* ». Il en est de même pour les relations d'une famille avec les familles voisines : « c'est l'appréciation, dans une famille voisine, d'une capacité de nuire supérieure à celle de tous les autres ennemis possibles, qui a amené une famille humaine à respecter, dans cette famille voisine, un antagoniste redoutable, jusqu'au jour, bien entendu, où cette famille voisine donnait des signes évidents d'infériorité ». Ainsi se forment les associations de plusieurs familles (clan, nation) « *basées sur le respect réciproque d'égales capacités de nuire* », mais qui n'empêchent pas «l'antagonisme d'exister entre les familles associées, comme il existe entre les membres d'une même famille ».

Je ne veux naturellement pas reprendre la discussion et la réfutation de cette doctrine, ni montrer, une fois de plus, combien cette doctrine est éminemment destructrice des idées les plus fondamentales de notre sociologie humaine et en particulier de l'idée de famille. Mais je peux — et je dois — dépouiller ces assertions de l'école moniste et transformiste de l'apparence et de l'autorité scientifiques, qu'elles se donnent et qui en font véritablement le danger.

Les savants de cette école ne donnent pas en effet ces doctrines subversives comme leur opinion philosophique personnelle, pouvant dès lors être discutées par tout le monde. Non. Ils parlent d'autorité, au nom de la science — dont ils sont d'ailleurs des représentants éminents — et donnent comme une vérité positive et indiscutable des axiomes comme ceux que nous avons transcrits plus haut.

Il faut avoir le courage de le dire bien nettement, même quand on a, en biologie, moins de compétence que ses adversaires, la science n'a jamais démontré, pour l'homme et pour les rapports entre hommes, la loi de la lutte et de la concurrence ; c'est seulement par analogie qu'on peut émettre l'hypothèse que cette loi s'applique à l'homme comme aux autres êtres vivants ; la science n'a jamais démontré que l'égoïsme est la base de toutes les sociétés humaines et que les membres d'une famille sont des ennemis mesurant leur estime mutuelle à la puissance de leur faculté de nuire.

Non seulement jamais la science n'a démontré ces propositions ; mais même, elle démontre des propositions inverses : la science constate, par ses méthodes positives et certaines, que la famille est une association *naturelle*, dont les membres sont mutuellement unis par un *amour* réciproque et par une *communauté de but* et de fin à atteindre.

Dire cela, ce n'est pas faire du mysticisme ou de la métaphysique ; c'est faire de la science vraie, positive et expérimentale : ce n'est pas par habitude, mais par une loi biologique naturelle étudiée et précisée par la science, que la famille humaine existe avec les liens mutuels que nous constatons entre ses membres.

Quelle est donc la *conception biologique de la famille humaine ?*

La famille est la forme naturelle, chez l'homme, de la fonction biologique générale de propagation, de maintien et de défense de l'espèce.

La vie particulière de chaque individu se termine par la mort ; mais la vie de l'espèce se continue à travers les générations successives et chaque individu transmet à ses enfants non seulement la vie en général, mais la vie particulière de l'espèce, la forme et le type de l'espèce. C'est ainsi que la génération est la fonction de défense de l'espèce.

Cette loi générale s'applique à l'homme comme à tous les autres êtres vivants. Mais nous savons l'importance des caractères qui différencient l'homme des autres animaux et nous savons que les lois de finalité biologique se présentent chez l'homme tout autrement que chez les autres êtres vivants.

La différence essentielle, fondamentale, qui prime et commande toutes les autres, est ce fait que la loi de génération, comme toutes les lois biologiques, est exécutée nécessairement et automatiquement par tous les autres êtres vivants, tandis qu'elle ne s'impose à l'homme que comme un devoir, moralement obligatoire, qu'il peut ou non accomplir et qu'il peut accomplir dans des conditions diverses suivant sa volonté libre et autonome. Il y a certes dans la génération un élément fait de réflexes plus ou moins élevés dont le fonctionnement est automatique ; mais, même sur cet élément, le psychisme n'est pas sans action ; l'homme refrène, provoque, modifie, arrête, suspend, dévie... ces réflexes au gré de ses désirs, de ses passions et suivant sa moralité.

Si la liberté du sujet intervient ainsi déjà dans l'acte générateur lui-même, son intervention apparaît encore bien plus grande dans tous les autres actes qui précèdent et suivent la génération. Car — et c'est là un second caractère spécifique capital chez l'homme — la fonction humaine de reproduction est infiniment complexe et est loin de se réduire à l'acte générateur.

Il faut en effet se rappeler la loi biologique : chaque individu doit défendre son espèce en produisant des individus de son espèce, c'est-à-dire que *l'homme ne doit pas seulement faire des enfants, il doit faire des hommes*. Voilà en quoi le but de la famille ne doit pas être confondu avec la fonction de reproduction : le but de la famille est de maintenir l'espèce humaine non seulement dans sa forme, physique et psychique, particulière, mais encore dans sa destinée naturelle de progrès psychique continu indéfini. Cette fonction de la famille se concrète spécialement dans la *préparation de l'hérédité* et la *formation physique et psychique des enfants*.

Le chapitre de l'hérédité est certainement un de ceux dans lesquels il est le plus évident qu'il faut étudier la science de l'homme *chez l'homme* : on a voulu, dans ces derniers temps, appliquer à l'homme les lois de Darwin et même les lois de Mendel (sur la fécondation artificielle d'une fleur de pois à grains verts au moyen des étamines de pois à grains jaunes) et on n'est arrivé à rien. C'est toujours à l'observation clinique humaine qu'il faut revenir, c'est-à-dire à l'étude de l'homme bien portant et malade.

Au point de vue qui nous occupe ici, il est certain que, dans l'hérédité, physiologique ou pathologique, de chacun de nous, il y a un élément inéluctable, sur lequel nous ne pouvons rien ; mais le rôle de cet élément apparaît de plus en plus minime et réduit ; notre influence croît tous les jours sur l'hérédité que nous transmettons.

Si, suivant la parole de Jérémie, quand les pères ont mangé des raisins verts, les dents des enfants en sont agacées, il ne dépend que des pères de ne pas manger des raisins verts. Les morts gouvernent les vivants, a dit Auguste Comte ; mais, avant d'être les morts, les ancêtres ont été des vivants, dont la vie dirigeait déjà l'orientation et la destinée des enfants.

Pour préparer son hérédité, l'homme a à sa disposition de nombreux moyens que l'on peut étudier à trois moments différents et successifs : avant le mariage, au moment de la conclusion du mariage et après la naissance des enfants.

Le devoir social de la préparation individuelle de l'hérédité s'impose d'abord et surtout pour diriger la conduite de tous les hommes.

Quand un homme s'alcoolise, fume de l'opium, s'enivre avec l'éther, quand il s'expose volontairement à contracter l'avarie, quand un homme se conduit mal, oublie toute morale et roule, tête baissée, vertigineusement, dans l'inconduite, l'immoralité et le crime... il ne commet pas seulement un attentat contre sa propre personne, il prépare une hérédité lamentable de dégénérés, de fous, de déséquilibrés, de criminels...

Au moment de la conclusion du mariage surgissent toutes les questions de la surveillance médicale du mariage sur lesquelles je ne peux pas insister ici, l'ayant fait ailleurs.

Enfin, après la consommation du mariage et même après la naissance des enfants, il ne faut pas encore abandonner la lutte contre les effets de l'hérédité... Ceci se confond avec le deuxième groupe de devoirs familiaux qui complètent la préparation ou la correction de l'hérédité : la *formation physique et psychique des enfants.*

Ici encore je n'ai pas à insister sur les détails que l'on devine. Je ferai seulement remarquer que cette formation — et spécialement la formation psychique — nécessite beaucoup de peine et de temps.

De tout cela découle la *notion biologique du mariage.*

Au sens biologique du mot, le mariage n'a qu'un objet et une raison d'être : la *fondation d'une famille* comme nous l'avons définie.

Le but scientifique et biologique du mariage n'est donc pas l'intérêt individuel ou le bonheur particulier et isolé des conjoints ; par suite, ce n'est pas la considération de leur bonheur ou de leur malheur qui doit influer sur la durée et sur la dissolubilité ou la non-dissolubilité du mariage et sur les différents détails de son organisation.

Le seul objectif du mariage biologique est la naissance, la formation et l'éducation des enfants ; c'est l'intérêt seul de ces enfants et, par suite, par leur intermédiaire, l'intérêt de l'espèce humaine dans son progrès et son avenir, que biologiquement on doit avoir en vue quand on veut discuter les conditions et la réglementation du mariage.

C'est ce que le Code civil indique expressément, en tête des « obligations qui naissent du mariage », quand il dit (article 203) : « les époux contractent ensemble, par le fait seul du mariage, l'obligation de nourrir, entretenir et *élever* leurs enfants ». Voilà l'article qu'il faudrait inscrire en lettres d'or dans toutes les mairies et qu'il faudrait lire et commenter à chaque mariage, à la suite de l'article 212 : « les époux se doivent mutuellement fidélité, secours, assistance » — qui est insuffisant, alors même que, suivant le désir d'un illustre littérateur, on ajouterait l'*amour* à cette liste des droits et devoirs respectifs des époux. Dans la notion biologique du mariage, l'amour mutuel des époux est certainement un élément important, mais ce n'est qu'un moyen, qui rend plus facile et plus agréable le chemin par lequel on atteint le vrai but du mariage.

Je me contente de ce résumé de la doctrine du mariage basée sur la biologie humaine. On voit combien elle diffère de la doctrine du monde, des romans et du théâtre. Elle s'oppose scientifiquement à la conception individualiste qui ne veut donner à la famille et au mariage d'autre principe et d'autre fin que l'amour et conduit ainsi à l'union libre (qu'il ne faut pas confondre avec l'union librement voulue) et à la conception transformiste, qui met la guerre, l'égoïsme et la capacité de nuire à la base de la famille comme base la société.

3. LA PATRIE. MORALE INTERNATIONALE.

Dans les paragraphes précédents, nous avons considéré la société humaine en général et la société particulière primordiale qui constitue la famille. Cela ne suffit pas : les choses se présentent, en fait, avec moins de simplicité.

Quoique la terre ne soit qu'une bien minime partie de l'univers et quoique l'espace occupé par les hommes soit encore une faible partie du globe terrestre, ces terrains habités sont encore trop vastes et trop différents, à de nombreux points de vue, pour que tous les hommes soient réunis dans une même société humaine englobant l'humanité tout entière. La vie régulière et normalement progressive de l'humanité exige la division du genre humain en un certain nombre de *nations*.

Restant au point de vue positif de la biologie humaine, c'est-à-dire faisant l'étude de l'homme actuel et de l'organisation actuelle des sociétés humaines, je prends l'existence des nations comme un *fait*, sans en rechercher l'origine et sans me demander comment, historiquement, les familles (premier groupe vraiment naturel) se sont rapprochées et réunies en tribus, clans, hordes... comment se sont formés les peuples et les nationalités — sans contester d'ailleurs l'intérêt et l'importance de ces questions, que je n'aborde pas, faute de compétence.

Certainement les races, les rapprochements géographiques, la configuration des terrains avec les grands fleuves et les chaînes de montagnes comme moyens d'union et de séparation, comme frontières naturelles, la communauté ou la diversité des langues, des religions, des mœurs, des traditions... ont joué un grand rôle dans la constitution des diverses nations. Mais le nombre et la complexité de ces éléments prouvent qu'aucun d'eux n'est suffisant pour caractériser et spécifier une nation.

Ce qui, *en fait scientifique*, constitue la nation, c'est l'*unité politique*, c'est l'organisation en *un État* avec une constitution, une législation et une administration uniques. Quand ces groupements sont vraiment naturels et durables, ils correspondent à un esprit, une forme intellectuelle, un idéal, un caractère vraiment spécialisés. De là, une grande *unité morale*, faite des traditions ancestrales accumulées. Ainsi se forme et se précise la *notion biologique de patrie*, qui est, pour chacun, la notion de ses ancêtres et de ses morts, qui est comme une grande et vraie famille pour l'individu.

« Un passé héroïque, dit Renan, des grands hommes de la gloire, voilà le capital social sur lequel on assied une idée nationale... Avoir souffert, joui, espéré ensemble, voilà ce qui vaut mieux que des douanes et des frontières ; voilà ce que l'on comprend malgré la diversité de race et de langue... avoir souffert ensemble ! Oui, la souffrance en commun unit plus que la joie. En fait de souvenirs nationaux, les deuils valent mieux que les triomphes; car ils imposent des devoirs, ils commandent l'effort en commun. »

A cette citation, Liard ajoute ce résumé de l'idée de patrie : « l'homme naît dans une nation comme il naît dans une famille ; il a une patrie comme il a un père et une mère... La patrie est la terre des pères ; mais elle est avec cela une association d'hommes unis ensemble, non par la communauté de la race et du langage, mais par la communauté de certains sentiments, de certaines idées et de certaines volontés. Cette communauté, maintenue dans le présent, en vue de l'avenir, par le consentement des citoyens, a ses raisons dans le passé, c'est-à-dire l'histoire de la nation. »

En pratique, l'unité de la nation s'affirme par l'indépendance de ce groupement vis-à-vis des autres groupements similaires, plus ou moins voisins, c'est-à-dire que chaque nation s'administre, constitue un État, se donne une constitution, un gouvernement et des lois, sans avoir le droit d'intervenir dans l'organisation intérieure des autres pays et sans reconnaître à ces autres pays le droit d'intervenir dans sa propre organisation intérieure.

Ainsi comprise, la division de l'humanité en diverses nations apparaît, non pas seulement comme un fait imposé par l'histoire et les circonstances, mais comme un *fait scientifiquement bon, conforme aux lois positives de la biologie humaine.*

Pour fonder une organisation politique forte et socialement utile, pour avoir un pouvoir qui protège efficacement les citoyens contre les mal intentionnés et les antisociaux, pour donner à leur vie industrielle, commerciale, intellectuelle toute l'ampleur nécessaire au progrès général de l'humanité, les hommes sont obligés de se grouper en nations. Jamais, en formant une société humaine universelle, ils ne pourraient créer une organisation viable et sérieuse. On peut donc dire que l'*internationalisme* — doctrine qui voudrait supprimer les nations pour les fondre dans l'humanité tout entière — n'est pas seulement une impossibilité pratiquement irréalisable ; ce n'est pas seulement une utopie à réalisation indéfiniment retardée ; c'est encore et surtout *une erreur au point de vue scientifique et positif de la biologie humaine.*

« L'équivoque sur laquelle repose cette théorie (de l'internationalisme) est grossière, dit M. Malapert... Rien n'est plus absurde que le dédain qu'affichent certains esprits pour ce qui symbolise la patrie pour l'imagination et la rend sensible au cœur, je veux dire le drapeau... Ce ne peut être que par une aberration psychologique et sociologique que l'on se refuse à convenir que le sentiment patriotique est le support nécessaire de l'esprit social. Aussi bien le patriotisme véritable n'est-il ni un chauvinisme fanfaron, belliqueux et aveugle, ni l'esprit de conquête, ni l'ignorance systématique, le dénigrement et la haine de tout ce qui est étranger. Il est, avant toutes choses, avec la ferme décision de protéger, fallût-il y sacrifier sa vie sans hésitation, la liberté et la dignité nationale, le souci de la grandeur intellectuelle et morale de la patrie. Et cela se concilie sans peine avec l'amour de l'humanité, dont les intérêts bien entendus n'exigent pas sans doute la disparition de toutes les diversités ethniques, pas plus que l'intérêt de l'État n'est dans la suppression de toutes les libertés individuelles. Les nations ont leur physionomie propre, leur génie original, elles représentent sous des aspects multiples la même humanité et chacune d'elles peut exprimer une des faces du commun idéal... Loin d'être un obstacle à l'avènement de la cité du genre humain, les patries en sont vraiment l'instrument naturel et, de même que la famille est la grande école où l'on apprend à servir la patrie, *l'amour de la patrie est la meilleure préparation au service des forces humaines.* »

En fait, dès l'apparition des graves événements que nous traversons, nous avons vus, avec plus d'admiration que d'étonnement, des internationalistes avérés, des contempteurs du drapeau dans leurs discours, se montrer immédiatement, et sans hésiter, des patriotes ardents et convaincus, prêchant éloquemment le devoir patriotique et payant courageusement de leur personne pour donner l'exemple.

Et la guerre? Comment doit-on la considérer en biologie humaine ou en philosophie scientifique?

En soi, *la guerre es: un mal,* un mal pour les individus, pour les nations — victorieuses ou vaincues, — pour l'humanité.

Une science, basée tout entière sur l'idée de progrès indéfini de l'humanité vers une plus complète connaissance et une plus exacte justice, une science qui, par ses conseils et ses préceptes, s'efforce de prolonger ou de sauver le plus grand nombre possible d'existences humaines, de protéger et d'assister les malades, les infirmes, une science qui prêche à chacun le respect et l'amour de la vie humaine en soi et chez les autres, qui enseigne la

solidarité et l'entr'aide, lutte énergiquement contre la
dépopulation... — cette science ne peut que trouver
détestable et odieuse, antiscientifique et opposée à l'idéal
humain, la guerre qui tue, blesse, mutile, diminue dans
leur rendement social, en quelques mois, des centaines
de mille d'hommes valides, de 20 à 40 ou 50 ans — sans
compter les vieillards, les femmes et les enfants qui meu-
rent *par* la guerre sans y aller, — la guerre, qui non seulement dépeuple — plus que l'alcoolisme et la tuberculose,
— mais encore tarit la repopulation pendant de longues
années, en même temps que — ce qui est certainement
moins grave, mais a bien encore de l'importance — elle
amène des crises financières et commerciales, empêche
le travail intellectuel, arrête le progrès scientifique et
général de l'humanité — ne permettant que quelques
applications nouvelles de la science à l'art de détruire...

Certes les guerres n'ont pas uniquement des effets
désastreux : elles élèvent les cœurs, rapprochent de Dieu,
font oublier et disparaître les divisions et les querelles
mesquines de partis, montrent leur vraie valeur à certaines nations trop disposées à se dénigrer elles-mêmes,
révèlent chez certaines races une force nerveuse et une
vigueur morale qui s'ignoraient... Mais, quelque grands
qu'ils puissent être, ces avantages sont compensés par
une trop cruelle rançon pour que le biologiste humain
souhaite et aime la guerre.

Seulement, si le biologiste humain ne souhaite pas et
n'aime pas la guerre, qui est un mal, il est non moins
obligé de l'accepter *comme un fait* et un fait actuellement
inévitable.

La guerre est un fait aussi ancien que l'humanité et
qui durera peut-être aussi longtemps que l'humanité
elle-même, qui durera en tout cas encore de longs siècles,
qui doit par conséquent entrer en ligne de compte dans les
préoccupations du biologiste humain.

En effet, il y a toujours eu, il y a et il y aura probablement toujours des nations qui veulent tyranniser les

autres, envahir, conquérir, imposer leur suprématie et leur culture, appliquer les doctrines que nous avons vu professées par les Allemands. Tant qu'il existera ainsi des nations de proie et de conquête, les autres pays seront bien obligés de se défendre, d'accepter et de faire la guerre, s'ils veulent échapper à la mort et à l'absorption.

La défense de l'individu ou du pays est légitime contre toute attaque, non justifiée par l'intérêt général du progrès de l'humanité tout entière ; notamment contre toute attaque motivée par l'ambition personnelle d'un homme ou d'un peuple, qui n'a d'autre but que d'établir son hégémonie sur d'autres nations et de civilisation et de culture égales ou supérieures. De ce principe découle la distinction entre les guerres bonnes et justes — pour la défense et la diffusion d'idées civilisatrices générales — et les guerres mauvaises ou injustes — pour l'affirmation et la propagation d'idées de barbarie et de tyrannie. Le plus souvent l'un des belligérants représente la justice, le droit et le progrès, tandis que l'autre représente l'injustice, la tyrannie et le recul.

Donc, c'est un devoir pour toutes les nations de se tenir prêtes pour la guerre : *si vis vitam, para bellum.* C'est un devoir biologique pour tous les citoyens, non seulement de participer effectivement, le cas échéant, à la guerre, mais encore, en temps de paix, d'aider leur patrie, de tout leur pouvoir, à préparer la guerre. Comme je l'ai dit plus haut, l'internationalisme intégral et passant dans les actes, même le pacifisme outré, paralysant et énervant l'action de préparation militaire de l'État, sont contraires aux lois biologiques humaines, sont antiscientifiques.

Nous retrouvons ainsi la conclusion d'un paragraphe précédent, si bien développée par P. Chalmers Mitchell et par M. Anthony : la guerre ne doit pas être considérée comme une expression et une manifestation humaines de la loi darwinienne de lutte et de concurrence, à laquelle elle n'est nullement comparable. La guerre humaine, loin d'être une loi biologique, est un *fait déshar-monique* comme la maladie, le mal moral...

La division de l'humanité en nations étant vraiment une idée-loi fondamentale de la biologie humaine — et par suite de la philosophie scientifique que j'esquisse — il y a des devoirs réciproques qui unissent les citoyens et les nations (devoirs civiques, droits civils...) et il y a aussi une morale internationale qui règle les rapports des nations entre elles.

Sous le nom de droit international *privé*, on comprend les relations, non pas tant internationales à proprement parler, de nation à nation, que de nation à individus des autres nations, notamment, par exemple, l'extension aux étrangers du droit privé, tel qu'il est défini dans chaque nation.

Quant aux relations internationales vraies (droit international *public*), M. Malapert fait d'abord une déclaration aussi découragée que décourageante : « les relations des États entre eux sont encore réglées par la force. En fait, le canon reste, selon un mot célèbre, l'*ultima ratio* des peuples ; la guerre est le dernier recours des nations ». Il ne faut voir dans cette proposition que la déclaration d'un *fait* et non d'une *doctrine* (1).

Il y a une morale internationale, qui s'applique même à l'état de guerre, s'impose doctrinalement aux belligérants, alors même qu'ils ne la respectent pas pratiquement ; cette morale s'impose encore avec plus d'autorité aux diverses nations en temps de paix (ce qui est en somme l'état habituel et normal).

Comme je l'ai dit pour les relations interindividuelles en tête de ce chapitre, pas plus en morale internationale qu'en morale interindividuelle, il ne faut dire que la force *fait* le droit. Qu'en fait la force prime parfois le droit, c'est possible et malheureusement trop fréquent : mais

_____

(1) Voir mes articles, déjà cités, du *Correspondant*.

les faits d'immoralité individuelle accumulés ne changent rien à la doctrine morale.

Toute la morale internationale se résume dans cette phrase : *chaque nation doit le respect à la vie des autres nations.* Comme corollaires de sens commun, chaque nation doit respecter les traités et les conventions conclus avec les autres nations ; elle ne doit pas abuser de sa force relative pour imposer sa volonté et son autorité aux petits États voisins ; elle ne doit jamais mettre la considération étroite de son intérêt personnel au-dessus de ses devoirs internationaux...

C'est là une loi biologique qui s'impose au nom de la science — c'est-à-dire au nom de la nature humaine elle-même — et qui d'ailleurs, quand on regarde les choses de haut, concorde avec l'intérêt même des nations ; on voit certainement trop souvent des victoires éphémères de la force sur le droit, mais ces succès sont temporaires et non enviables.

La vraie force de l'homme est toujours la force morale, la force de l'idée, et le succès final et définitif, le seul enviable, sera toujours à celui qui a la vraie force humaine, la force psychique, celle qui met la science au service du droit.

Ce qui permet de maintenir cette conclusion générale : *le respect de la moralité et du droit reste la loi des sociétés humaines comme des individus, en état de guerre comme en état de paix.*

CHAPITRE VIII

LES LIMITES
DE LA PHILOSOPHIE SCIENTIFIQUE :
MÉTAPHYSIQUE ET RELIGION. CONCLUSIONS.
L'IDÉALISME POSITIF

1. La philosophie scientifique et la métaphysique. — 2. La philosophie scientifique et la religion. — 3. Conclusions. Essai
d'une philosophie scientifique : l'idéalisme positif.

― ― ―

1. LA PHILOSOPHIE SCIENTIFIQUE ET LA MÉTAPHYSIQUE.

Dans les chapitres précédents, nous nous sommes
efforcé de montrer *ce que contient* une philosophie scientifique basée sur la biologie humaine. Pour caractériser
complètement cette doctrine philosophique, nous
devons dire maintenant *ce qu'elle ne contient pas* et ne
peut pas contenir, ce qui reste nécessairement en dehors
d'elle.

Je tiens à faire remarquer tout d'abord — je crois que
l'observation a de l'importance — que le titre même
adopté pour ce chapitre « les limites de la philosophie
scientifique » indique nettement la portée des conclusions
à prendre : je préciserai des connaissances humaines
(métaphysiques, religieuses) qui restent nécessairement
en dehors de la philosophie scientifique ; mais *je n'arri-
verai pas à nier, pour cela, l'existence de ces modes de connaissance non scientifiques.*

Dans la plupart des doctrines philosophiques qui ne

comprennent pas la métaphysique et la religion, on ne procède pas de la même manière et on n'arrive pas aux mêmes conclusions : le plus souvent *chacun nie ce qu'il ne peut pas faire rentrer dans sa doctrine.*

On imite en cela le procédé d'Auguste Comte. On sait que, pour le fondateur du positivisme, il y a trois états différents par lesquels la pensée humaine doit passer successivement : « par la nature même de l'esprit humain, dit M. Lévy-Bruhl exposant cette doctrine, chaque branche de nos connaissances est nécessairement assujettie dans sa marche à passer successivement par trois états théoriques différents : l'état théologique ou fictif, l'état métaphysique ou abstrait, enfin l'état scientifique ou positif ». Ce passage peut se faire dans l'esprit d'un individu ou dans l'esprit de plusieurs générations successives. En tout cas, ce sont là des états *successifs*, qui ne se complètent pas, mais se remplacent. Arrivée à son complet développement, *la science positive se substitue* à la théologie et à la métaphysique qui, par là même, n'existent plus.

Donc, dans ces doctrines, on ne se contente pas de mettre la métaphysique hors de la science positive — ce qui est tout naturel, — on en nie l'existence, on la supprime. Il en est de même pour Le Dantec et toute la grande école qu'il représente : il n'y a qu'une vérité, c'est la vérité scientifique ; il n'y a qu'un mode de connaissance, c'est l'expérience objective. Donc, tout ce qui, comme la métaphysique, échappe à ce mode de connaissance, n'existe pas.

On sait que nous raisonnons tout différemment.

Restant exclusivement et toujours sur le terrain positif et scientifique, je peux et je dois séparer la métaphysique de la science positive, la mettre hors des limites de celle-ci ; mais je n'ai pas de raison scientifique de dire que, par là même, la métaphysique n'existe pas. — Voilà le point qui sépare notre doctrine des autres philosophies scientifiques et que je crois nécessaire de développer un peu.

Etymologiquement et par définition, la métaphysique n'est pas la physique, n'est pas la science expérimentale.

La science positive et expérimentale — nous l'avons dit plusieurs fois, notamment dans le chapitre II de la méthode — étudie les phénomènes, établit leurs rapports, en formule les lois. Et rien de plus. La métaphysique étudie les problèmes plus avancés, les problèmes de l'essence des choses, de la substance qui est derrière les phénomènes, de la force en elle-même qui est le fond de tout... Selon la vieille définition d'Aristote, la métaphysique est « la science de l'être en tant qu'être », c'est-à-dire, ajoute M. Malapert, de l'être « considéré en lui-même, dans son essence, et non plus dans ses modalités, dans ses phénomènes ».

« Tous les systèmes, quand on en défalque les différences spécifiques, présentent un même résidu, l'affirmation d'une existence en soi et par soi » ; voilà l'objet réservé à la métaphysique (ontologie). « Toute qualité, dit Liard dans *la Science positive et la Métaphysique*, est inhérente à une substance... La substance n'est pas la somme des qualités elles-mêmes. Car, si toute qualité requiert un support, une qualité ne peut être le support d'une qualité... La critique établit la nécessité de la substance comme liaison des phénomènes. » Voilà qui justifie la métaphysique et la met en dehors de la science positive, puisque, comme dit Fouillée, la science positive n'atteint pas l'être ou les êtres où résident tous les mouvements.

Étudiant ainsi les questions d'être en soi, d'essence et de substance, la métaphysique abordera de plein droit le problème de l'essence de la matière, du principe de la vie, de l'âme humaine, de sa spiritualité et de son immortalité... de l'existence de Dieu.

Il est facile d'établir que l'objet, ainsi défini, de la métaphysique n'est pas connaissable par les moyens et les méthodes de la science positive ; il en dépasse les limites. Mais alors se pose un problème plus difficile et qu'on ne peut pas éviter de poser : ces questions, inconnaissables par les procédés scientifiques, positifs et expérimentaux, sont-elles complètement inconnaissables pour l'homme ou sont-elles connaissables par d'autres procédés et d'autres méthodes?

La première manière de voir est soutenue par les positivistes et tous ceux qui construisent des philosophies scientifiques. Pour eux, les spéculations métaphysiques sont chimériques ; les divers systèmes proposés sont contradictoires. On classe volontiers la métaphysique, avec Anatole France, parmi « ces jeux, plus compliqués que la marelle ou les échecs », auxquels « l'intelligence s'emploie proprement », ou on rit avec Giard — également cité par Fouillée — de « l'agitation stérile des métaphysiciens *bombinantes in vacuo* ».

Je n'ai pas à me prononcer ici sur la valeur de la métaphysique, puisque je ne veux pas sortir du terrain scientifique. Mais je crois que les savants qui nient la *possibilité* de la métaphysique au nom de la seule science dépassent leurs droits d'affirmation aussi bien que les savants qui affirmeraient la valeur de la métaphysique, toujours au nom de la science. J'estime que la philosophie scientifique n'a pas d'argument scientifique qui lui permette de nier toutes les connaissances ne venant pas par la voie expérimentale et par suite les problèmes métaphysiques.

En philosophie scientifique, nous avons posé les idées-lois du raisonnement humain. Mais nous ne connaissons pas toutes les conclusions éloignées auxquelles peut conduire ce raisonnement bien appliqué et déduit. Avant les découvertes de nos mathématiciens et de nos géomètres, nous ne nous doutions pas que le raisonnement humain fût capable d'arriver à de si importantes et lointaines conclusions. Pourquoi nier, à priori et sans preuve, que l'esprit humain est capable de démonter l'existence d'une âme humaine, spirituelle et immortelle, ou même l'existence de Dieu? Nous avons vu ce que donne la philosophie scientifique en morale ; pourquoi nierions-nous d'avance que l'esprit humain est capable de compléter par des déductions métaphysiques les notions biologiques, un peu lâches et peu efficientes, d'obligation morale et de sanction?

Les positivistes répondent : la métaphysique serait la connaissance de l'absolu et nous ne pouvons pas connaître l'absolu.

« Dans l'état métaphysique, dit Auguste Comte, qui n'est au fond qu'une modification générale du premier (état théologique), les agents surnaturels sont remplacés par des forces abstraites, véritables entités (abstractions personnifiées), inhérentes aux divers êtres du monde et conçues comme capables d'engendrer par elles-mêmes tous les phénomènes observés, dont l'explication consiste à assigner pour chacun l'entité correspondante. » Dans l'état positif, au contraire, l'esprit humain reconnaît « *l'impossibilité d'obtenir des notions absolues*, renonce à chercher l'origine et la destination de l'univers et à connaître les causes intimes des phénomènes... Toute proposition qui n'est pas finalement réductible à la simple énonciation d'un fait particulier ou général ne saurait offrir aucun sens réel et intelligible ». La *connaissance de l'absolu*, dit M. Malapert continuant à exposer la doctrine positiviste, « *nous est radicalement interdite* ; les problèmes métaphysiques sont insolubles ; la sagesse consiste donc à les traiter comme tels, à les écarter, à ne pas même les poser ».

Doit-on vraiment, si on veut rester sur le domaine de la science positive, doit-on déclarer que l'absolu est inconnaissable et inaccessible à l'esprit humain? et par suite rayer la métaphysique de la liste des connaissances régulières de l'esprit humain?

Il faut d'abord dire un mot du principe, posé par Auguste Comte, de la succession et par suite de la non-simultanéité des conceptions métaphysiques et positives. Il ne nie pas, bien entendu, le *fait* de la simultanéité de ces conceptions, soit dans le même esprit, soit dans la même génération ; il conteste le *droit* et nie la justesse de cette simultanéité.

C'est là une vue à priori, un préjugé ; mais ce n'est réellement basé sur rien de positif et de scientifique.

Sur la nature de l'homme, par exemple, la biologie humaine, c'est-à-dire la science positive, donne une série de renseignements précieux, mais déclare ne pouvoir rien dire de certain, de scientifique, sur ses origines (son histoire avant.la conception) et sur ses destinées (son histoire après la mort), sur l'existence ou la non-existence d'une âme spirituelle et immortelle... Si l'anthropologie d'un côté et la métaphysique de l'autre viennent combler ces lacunes d'une manière certaine, pourquoi les repousserions-nous?

Dès lors, pourquoi n'aurions-nous pas simultanément, dans l'esprit d'un même individu, sur ce même objet (la nature intime de l'homme), des solutions scientifiques positives et des solutions métaphysiques? Où seraient l'illogisme et la contradiction?

Historiquement, il est certain qu'il y a une évolution, du métaphysique au positif, pour un certain nombre de questions. Au début, les solutions métaphysiques (hypothétiques) étaient les plus répandues ; au fur et à mesure que la science positive s'est constituée et a progressé, beaucoup de questions acquérant des solutions positives abandonnaient le terrain métaphysique, qui peu à peu s'est réduit à son vrai domaine propre. Cette évolution historique est certaine, mais ne prouve nullement qu'il ne puisse pas — et ne doive pas — y avoir *simultanéité* du point de vue métaphysique et du point de vue positif pour donner, d'une manière complète et définitive, la solution des problèmes philosophiques.

Pour autoriser vraiment les positivistes à dire que la métaphysique est inaccessible à l'esprit humain, il faudrait, comme dit M. Malapert, prouver que, en dehors de la méthode positive, « nulle autre méthode, nul autre procédé, nul autre type de connaissance n'est possible. Or, cette preuve, comment l'administrer? ou bien on devrait établir que les phénomènes et leurs lois épuisent tout le réel et que, dès lors, n'y ayant rien en dehors d'eux, eux seuls sont objet de connaissance. Mais cela, ce serait faire une métaphysique, puisque ce serait donner une solution au problème de l'être » ; ou bien « il serait nécessaire de démontrer que l'absolu, à cause de sa nature même, ne saurait être appréhendé d'aucune façon par l'esprit humain, à cause de sa constitution propre ».

C'est cette dernière manière de voir qui est soutenue par les positivistes : l'absolu est inconnaissable.

Je ne répondrai pas, avec certains classiques, qu'énoncer une pareille proposition est encore faire de la métaphysique. La réponse me paraîtrait subtile et trop simpliste. Mais je répondrai en attaquant la proposition elle-même.

Nous l'avons dit et développé longuement au chapitre IV de l'origine des idées et au chapitre V de la logique, l'esprit humain connaît très bien des principes universels, nécessaires et absolus : le principe d'identité et de contradiction, le principe de causalité. S'il ne les connaissait pas et ne les appliquait pas, plus ou moins consciemment, il ne pourrait raisonner d'aucune manière, ni par déduction, ni par induction. Non seulement les mathématiques et la géométrie seraient impossibles, mais il n'y aurait plus possibilité d'une science quelconque, pas plus de la science expérimentale et positive que des sciences rationnelles. Ainsi, sans la connaissance de l'absolu par l'esprit humain, les connaissances positives, qui doivent remplacer les connaissances métaphysiques, ne pourraient pas naître et se développer.

Il ne faut donc pas dire que l'absolu est inconnaissable et inaccessible à l'esprit humain. L'esprit humain a donc le droit d'étudier et d'essayer de résoudre les problèmes métaphysiques. — Je ne dis pas que cela affirme la possibilité de les résoudre effectivement et complètement, puisque je reste sur le terrain de la science positive.

Donc, la métaphysique ne fait pas partie de la philosophie scientifique ; elle est hors des limites de cette dernière. Mais cela ne veut pas dire que la philosophie scientifique nie la possibilité de constituer un groupe de connaissances métaphysiques sur les problèmes que la biologie humaine ne peut pas aborder, mais dont elle comprend et proclame la haute importance.

2. LA PHILOSOPHIE SCIENTIFIQUE ET LA RELIGION.

Par un point, la question des rapports de la philosophie scientifique avec la religion diffère complètement de la question étudiée dans le précédent paragraphe des rapports de la philosophie scientifique avec la métaphysique.

Pour celle-ci, il s'agissait de déterminer si, oui ou non, on peut concevoir un mode de connaissance, rationnel et naturel, qui ne fût pas l'expérience positive et scientifique. Pour celle-là, la question n'est plus là ; cette difficulté n'existe pas ; par définition, la religion porte avec elle son mode de connaissance particulier et surnaturel ; ce qu'elle sait et ce qu'elle enseigne, elle le connaît directement de Dieu par la révélation.

Cette réserve faite et cette opposition une fois marquée sur un point particulier, la question vraie, fondamentale et grave entre toutes se pose la même pour la religion et pour la métaphysique ; étant admis que le théologique ou le religieux n'est pas contenu dans la philosophie scientifique, en dépasse les limites, en diffère par la méthode, l'étendue du domaine, la nature des solutions, par tout... la philosophie scientifique doit-elle déclarer qu'elle représente toute la vérité et que, par conséquent, la religion n'existe pas, que les problèmes étudiés et résolus par la religion sont inconnaissables, inaccessibles à l'esprit humain? ou au contraire doit-elle déclarer qu'elle ne se prononce pas sur l'existence ou la non-existence de la religion, qu'elle ne la nie ni ne l'affirme, qu'elle l'ignore, qu'en tout cas elle n'entre pas en conflit avec elle, parce que leur domaine est complètement séparé et distinct.

La très grande majorité des savants actuels adopte la première thèse ; depuis longues années, je m'efforce de défendre la seconde ; loin de contredire et de contrarier la science ou d'être contredite ou contrariée par elle, la religion complète la science en apportant à l'homme des solutions révélées pour des questions qui intéressent puissamment les hommes (destinée après la mort, justice absolue irréalisable dans ce monde et réalisée dans l'autre, sanctions morales...) et sur lesquelles la science ne peut rien dire, parce qu'elle n'en sait rien et n'en saura jamais rien avec ses méthodes positives et expérimentales.

La science et la foi, la philosophie scientifique et la religion se complètent sans jamais se contredire.

M. Émile Boutroux a étudié cette grande question à travers tous les âges et toutes les doctrines philosophiques dans *Science et religion dans la philosophie contemporaine*.

Avec Bacon et Descartes, dit-il, commence un âge de discipline, d'ordre et d'équilibre. « La science de la nature, déjà nettement conçue par Léonard de Vinci, était, avec Galilée, définitivement fondée. Vers 1604, par la découverte des lois du pendule, Galilée avait prouvé qu'il était possible d'expliquer les phénomènes de la nature en les reliant les uns aux autres, sans faire intervenir aucune force existant en dehors d'eux. La notion de loi naturelle était, dès lors, constituée. » Voilà la science posée, non certes en adversaire et négatrice de la religion, mais comme indépendante et autonome, séparée et distincte de la théologie.

« Descartes pose en principe l'indépendance mutuelle

de la religion et de la science. La science a son domaine :
la nature ; son objet : l'appropriation des forces naturelles ; ses instruments : les mathématiques et l'expérience. La religion concerne les destinées supraterrestres
de l'âme et repose sur un certain nombre de croyances...
Science et religion ne peuvent se gêner, ni se dominer l'une
l'autre, parce que, dans leur développement normal
et légitime, elles ne se rencontrent pas... Science et religion sont, l'une et l'autre, autonomes. »

Voilà la doctrine que je crois toujours vraie, que j'ai
toujours défendue dans mes *Limites de la biologie* et ailleurs, c'est la doctrine qui me paraît résumer parfaitement la question des rapports de la philosophie scientifique avec la religion.

Le positivisme et la science positive contemporaine
n'ont pas accepté ces idées.

En voyant les merveilleux progrès que fait la science
avec la méthode positive, on a pensé que c'était là le seul
mode définitif et vrai de connaissance pour l'esprit humain, que la vérité acquise de cette manière est la seule
acceptable et que par conséquent la religion, qui n'appartient pas à ce domaine, n'existe en réalité pas.

Cette mainmise par la science sur l'entier domaine
de l'intelligence humaine commence avec Auguste Comte.

Pour lui, « dans l'état théologique, l'esprit humain,
dirigeant essentiellement ses recherches vers la nature
intime des êtres, les causes premières et finales de tous
les effets qui le frappent, se représente les phénomènes
comme produits par l'action directe et continue d'agents
surnaturels plus ou moins nombreux, dont l'intervention
arbitraire explique toutes les anomalies apparentes de la
nature ».

C'est un état transitoire que remplacent d'abord l'état
métaphysique et ensuite, définitivement et universellement, l'état positif.

Partant de ce principe positiviste, en même temps que
du dogme transformiste et moniste, la science contem-

poraine, avec Haeckel, Herbert Spencer, Le Dantec et bien d'autres, a décrété la disparition définitive et totale de toute religion — comme de toute métaphysique et, d'une manière générale, de tout ce qui n'est pas accessible à la méthode positive et expérimentale d'observation.

Le raisonnement est simple et paraît logique : il n'y a de vérité que la vérité scientifique ; dès lors, de deux choses l'une : ou la religion s'occupera de certaines questions dont s'occupe aussi la science ; alors la solution religieuse sera inutile si elle est conforme à la solution scientifique ou fausse s'il y a conflit ; — ou la religion ne s'occupera que des questions que la science ne peut pas atteindre ; alors elle n'aboutira pas davantage, puisque tout ce qui n'est pas accessible à la science est définitivement inconnaissable pour l'homme (agnosticisme).

J'ai essayé, il y a longtemps, de revenir à la doctrine de Descartes et de la défendre contre ces invasions de la science contemporaine — invasions que je crois peu scientifiques et même antiscientifiques.

Toute l'argumentation revient à démontrer qu'il n'y a pas de conflit et de contradiction entre les solutions religieuses et les solutions scientifiques. Car, ceci une fois démontré, la religion et la science évolueront sur leur domaine respectif et chacune d'elles aura à faire, par ses moyens, la preuve de sa valeur.

On a trop oublié la distinction des deux domaines scientifique et religieux quand on a proclamé la banqueroute de la science ou de la religion. De ce que les dogmes religieux n'ont pas « inventé l'imprimerie, le microscope, le télescope » (l'énumération pourrait être bien plus longue que celle de Berthelot), cela ne prouve pas scientifiquement que ces dogmes n'existent pas, en dehors de la science. De même, il ne faut pas proclamer la faillite de la science si elle ne dit rien à l'homme de ses destinées *post mortem* et si, par suite, elle ne donne à ses lois morales que des sanctions précaires et incomplètes.

La théologie et la science ne paraissent faire banqueroute que sur un domaine qui n'est pas le leur ; elles
tâchent de remplir leur programme, chacune sur son domaine distinct et séparé. Dans ces conditions, si chacun
reste chez soi, comment y aurait-il des conflits et des
contradictions?

Ainsi la rotation de la terre, fait scientifique, ne doit
pas plus être considérée comme un argument contre le
miracle de Josué, fait théologique, que ce miracle lui-
même contre les découvertes de Galilée. Ce sont là choses
disparates ne pouvant pas s'influencer mutuellement.

Je crois pouvoir maintenir cette idée malgré la critique
ironique de Fouillée (*la Conception morale et civique de
l'enseignement*) : «M. Grasset, dit-il, va jusqu'à conclure que,
théologiquement, le soleil tourne autour de la terre,
mais que, scientifiquement, la terre tourne autour du
soleil et que ce sont deux vérités de sphères différentes.
Maintenant qu'on ne peut plus emprisonner les Galilée
ni brûler les Giordano Bruno, l'Église s'accommode aux
découvertes scientifiques au lieu de les accommoder à
elle : *non mihi res, sed me rebus conjungere conor!* » — Je
n'ai jamais voulu dire que la vérité théologique et la
vérité scientifique fussent opposées sur un même point.
Mais je crois pouvoir dire que, si Dieu a parlé à Josué,
il a dû lui parler le seul langage intelligible à cette époque
et lui dire d'arrêter le soleil, au lieu de lui dire d'arrêter
la terre (ce qu'il n'eût pas compris). Le tort a été quand,
de ce fait, l'Église a cru devoir conclure que réellement
le soleil tourne autour de la terre — ceci étant du domaine scientifique et non du domaine théologique.

Nombreux cependant sont encore ceux qui, comme
Draper, énumèrent et étudient les *conflits de la science et
de la religion*. Tous ces prétendus conflits résultent de
l'oubli des limites qui séparent ces deux ordres de connaissances.

Ainsi Draper dit qu'une «révélation divine exclut

nécessairement la contradiction ». C'est très vrai. Mais la révélation divine ne s'exerce que sur un terrain inaccessible aux autres modes de connaissance et ne peut rencontrer de contradiction (scientifique) si elle reste dans son domaine et la science dans le sien.

On n'a donc pas le droit d'ajouter avec le même auteur que la révélation « exclut le progrès des idées et tout ce qui émane de la spontanéité humaine ». Ceci est une erreur manifeste et ne découle nullement de la proposition précédente.

Le domaine de la révélation est au-dessus et en dehors du domaine des idées et de la spontanéité humaines ; la révélation ne peut donc en rien entraver ce progrès, on peut dire seulement qu'elle le complète en quelque sorte.

La révélation n'a rien à voir en physicochimie et en biologie. Donc elle ne gêne nullement l'essor de l'homme en ces sciences. Elle ne cherche à intervenir qu'à partir du point où les autres modes de connaissance avouent qu'ils doivent s'arrêter.

Donc, ni contradiction réelle ni contradiction possible entre la science et la foi, si on comprend et limite bien l'une et l'autre.

On a longtemps cru et on répète souvent encore que l'on ne peut pas être transformiste en biologie générale et catholique en religion. La doctrine « de l'évolution et du développement, dit Draper, renverse le dogme de la création en plusieurs actes successifs ». — Cela n'est nullement prouvé.

Il n'y a qu'à lire dans le livre de Quatrefages, *les Émules de Darwin*, tout le chapitre intitulé « Transformisme, philosophie et dogme » pour voir qu'en fait cette contradiction entre le transformisme et le dogme n'a jamais existé.

Si le libre penseur Charles Robin était antitransformiste, Lamarck, le véritable fondateur du transformisme, ne veut pas qu'on confonde « la montre avec l'horloger,

l'ouvrage avec son auteur », proclame que « Dieu créa
la matière » et que « la volonté de Dieu est partout expri-
mée par l'exécution des lois de la nature, puisque ces lois
viennent de lui ». Un autre transformiste, Étienne-Geof-
froy Saint-Hilaire, était « religieux » et écrivait, à la fin
d'une de ses dernières publications : « si j'ai pu être quelque peu utile, gloire à Dieu ! » D'Omalius d'Halloy était
« un vrai catholique, croyant et pratiquant, et le Père
Bellinck, jésuite et transformiste éminent ».

Halleux montre que le dogme catholique vise exclusivement la création par Dieu de chaque âme humaine.
Mais « que le corps du premier homme ait été formé d'une
matière directement empruntée au règne inorganique ou
d'une matière organisée, préparée dans une certaine
mesure par l'évolution, il n'en reste pas moins vrai (pour
le catholique) que Dieu est l'auteur de notre vie ».

D'ailleurs nous avons vu, et tout ce livre est basé sur
cette doctrine, que le transformisme est, pour l'homme,
une hypothèse dont la biologie humaine ne tient pas
compte : né par transformation d'autres espèces ou par
création directe, l'homme n'existe comme homme que
depuis qu'il présente ses caractères spécifiques, depuis
qu'il est une espèce fixée. La biologie humaine n'étudie
l'homme qu'à partir du moment où il est espèce fixée et
la philosophie scientifique, basée sur cette biologie humaine, ne tient aucun compte du dogme transformiste.

En définitive, nous maintenons la formule : la science
ignore, mais ne contredit pas, les solutions que donne la
religion à des problèmes qui lui sont inaccessibles, à elle
science. Rien n'empêche le savant d'être religieux ; chacun peut, s'il le croit bon et sans contradiction, aller
successivement à son *laboratoire* et à son *oratoire*.

Partant de cet « aphorisme », Jules Soury écrit en 1901 :
« j'ai soutenu et je répète qu'entre la foi et la science,
bien comprises, il n'existe point de conflit possible ;
c'est à la condition qu'il n'y ait point de rencontre. Leur

domaine est distinct ; elles s'ignorent, elles ne répondent ni aux mêmes besoins ni aux mêmes questions... La science ne sait rien et, par définition, ne peut rien savoir de ce que croit la foi : Dieu, la création, l'âme immortelle, la liberté morale, la vie future, le miracle et le surnaturel. La foi ne sait pas : elle croit. Ses certitudes sont des illuminations de ce qu'elle appelle la grâce. »

D'autre part, si la science ne doit pas interdire, nier et supprimer la religion, la religion à son tour ne doit pas interdire la science. Il en est bien ainsi pour la religion catholique, qui est généralement considérée comme la moins tolérante. Voici en effet des passages (cités dans le livre de Draper) de la *Constitution dogmatique de la foi catholique* établie par le concile du Vatican.

« L'Église catholique a toujours tenu et tient encore qu'il existe deux espèces de sciences, distinctes l'une de l'autre dans leur principe et dans leur objet : distinctes dans leur principe parce que, dans l'une, nous sommes instruits par la raison naturelle et, dans l'autre, par la foi divine ; distinctes dans leur objet, parce que, outre les vérités auxquelles notre raison peut atteindre, on présente à notre esprit des mystères cachés en Dieu, lesquels ne peuvent arriver à notre connaissance que par la voie de la révélation. »

Et plus loin : « si éloignée est l'Église de s'opposer à la culture des sciences et des arts qu'elle les encourage et les protège de diverses manières : car elle n'ignore ni ne méprise les avantages qui en dérivent pour le bien de l'homme... Elle ne défend à aucune science de se servir de ses principes et de ses méthodes, dans le domaine qui lui est propre ».

Non seulement la philosophie scientifique, basée sur la biologie humaine, ne nie pas et ne contredit pas la religion, mais encore elle *utilise l'idée religieuse*, dont elle découvre l'existence au fond de tout esprit humain.

Elle l'utilise particulièrement en morale.

Il est impossible de ne pas reconnaître la faiblesse *pratique* de l'obligation morale exclusivement basée sur la science. Certes l'autorité de la science est grande, surtout pour les esprits élevés et cultivés ; elle n'est pas discutée et ne peut pas l'être. Mais elle s'adresse uniquement à la *raison*. L'autorité religieuse, quand elle est reconnue, est infiniment plus grande, plus active, plus efficiente — pour ses adeptes.

Les *sanctions* des devoirs biologiques sont également assez réduites et pas comprises par tout le monde : c'est le remords ou le sentiment du devoir accompli, c'est la loi écrite avec ses punitions, ce sont les périls sociaux qu'entraîne l'inobservation de ces devoirs et que j'ai étudiés ailleurs. Bien plus importantes, plus faciles à comprendre et par suite plus opérantes sont les sanctions d'une religion, qui enseigne l'immortalité de l'âme et les peines et récompenses distribuées après la mort avec une souveraine justice.

De même, les notions de liberté, responsabilité, autonomie, personnalité... prennent une bien plus grande force quand, derrière les neurones psychiques que seuls la philosophie scientifique admet, la religion met une âme spirituelle, personnelle et immortelle.

Les solutions scientifiques de la philosophie trouvent donc un complément utile dans les solutions théologiques de la religion. Les unes et les autres, non contradictoires, non opposées, se complètent merveilleusement. Ainsi la morale de l'Évangile continue en quelque sorte la loi biologique d'altruisme et de solidarité et lui donne une suite perfectionnée, admirable, d'amour, de charité, de dévouement, de sacrifice (1)...

(1) Certains catholiques continuent à séparer et à opposer la morale naturelle (scientifique) et la morale religieuse. Ainsi, récemment, dans une enquête faite par l'*Univers* sur « la morale chrétienne, facteur indispensable des énergies nationales », M. Lesquevin dit : « Non ! Il faut avoir le courage de le dire et de le proclamer. La morale, qui ne s'appuie pas sur l'Évangile, est une utopie... plus que jamais se trouve

Donc, si on conçoit la science positive de l'homme comme nous le faisons, on ne peut plus considérer la science ou la philosophie d'un côté et la religion de l'autre comme des ennemis éternels, constamment prêts à se disputer le gouvernement de l'espèce humaine, — mais il faut les considérer comme des alliés qui collaborent à l'instruction de l'homme et par suite à son bonheur, qui en même temps unissent leurs efforts pour faciliter à l'homme sa participation au progrès psychique, continu et indéfini, de l'humanité.

Nec ancilla, nec domina, sed amica.

3. CONCLUSIONS. ESSAI D'UNE PHILOSOPHIE SCIENTIFIQUE : L'IDÉALISME POSITIF.

J'ai dit, en commençant, que la question des rapports de la science et de la philosophie se pose actuellement d'une manière toute spéciale : *à quel degré et dans quelle limite la science peut-elle servir de base, de fondement et de point de départ à la philosophie ?*

La science contemporaine — j'entends par là surtout la science qui date d'Auguste Comte — a naturellement abordé ce problème : infatuée de ses magnifiques progrès incessants, pénétrée de l'idée qu'elle devient à elle seule toute la vérité, imprégnée des dogmes transformiste et moniste, la science a construit sur ces principes une philosophie scientifique qui équivaut, non seulement à la négation de la métaphysique, mais encore à la suppression de la morale et de la sociologie — en un mot à la

vérifié le mot prononcé par Brunetière : il n'y a que deux morales, la chrétienne et la païenne. » Je crois que la morale naturelle basée sur la biologie humaine n'est pas une utopie et je crois qu'avant de faire cette division de la morale en chrétienne et païenne, il faut d'abord la diviser en morale naturelle et morale religieuse ; c'est cette dernière qui se divise à son tour en morale chrétienne et morale non évangélique ou païenne. Mais les deux premières (morale naturelle ou scientifique et morale religieuse ou de l'Évangile) ne s'opposent pas, mais se complètent.

disparition de la philosophie qui est alors remplacée par la science positive elle-même.

Cet échec de la science contemporaine pour édifier une philosophie scientifique équivaut-il à une décla-ration définitive d'impuissance? faut-il renoncer à édifier une philosophie scientifique?

Je ne le crois pas et c'est à la démonstration de cette manière de voir qu'est consacré ce livre.

Si la science contemporaine n'a abouti qu'à une philosophie de guerre entre les hommes, d'égoïsme, de suprématie du plus fort, de force faisant et remplaçant le droit... c'est qu'elle est partie de l'idée que toutes les lois directrices de la vie humaine sont identiquement les mêmes que celles des autres êtres vivants et de l'univers tout entier. On ne pouvait ainsi trouver dans la philosophie déduite de ces principes aucune idée de solidarité, d'altruisme, de progrès, de liberté... aucune des idées fondamentales de toute philosophie viable.

En somme, si la science a échoué dans sa tentative de fonder une philosophie scientifique, c'est qu'elle n'est pas assez *humaine*.

Tout autres seront les résultats — du moins je le crois — si, au lieu de se laisser asservir par le dogme transformiste et moniste, on étudie l'homme espèce fixée, son fonctionnement et surtout son fonctionnement psychique. On voit alors que l'homme se distingue des autres êtres de l'univers par des caractères spécifiques, qu'il doit par suite être l'objet d'une science spéciale propre : la biologie humaine.

Si alors on prend pour point de départ de la construction philosophique cette science particulière, au lieu de prendre la biologie générale ou même la physicochimie — comme font les monistes, — on arrive à édifier une philosophie raisonnable et de bon sens.

C'est cette philosophie scientifique que j'ai exposée — ou du moins résumée dans ses grandes lignes — dans ce volume. Nous avons vu qu'on peut établir ainsi, d'après ces principes, une *psychologie biologique*, une *logique biologique*, une *morale* et une *sociologie biologiques*, — laisser au contraire en dehors la métaphysique et la religion.

A cette doctrine philosophique, en somme assez complète, nous avons proposé de donner le nom d'*idéalisme positif* (1). Je crois qu'il est facile de justifier cette appellation.

D'abord il n'y a aucune contradiction réelle entre les deux termes — dont l'association étonne un peu à première vue — *idéalisme* et *positif*. Si on oppose habituellement l'idéalisme et le positivisme, il est facile de rapprocher et de concilier la *méthode positive* et le *principe de l'idéalisme*. Il suffit, pour cela, de montrer que l'on peut faire l'étude scientifique et positive de l'*idée*, c'est-à-dire du *fait encéphalopsychique humain*, et que l'idéalisme devient ainsi la *science positive de l'idée*.

Alfred Fouillée écrivait, en 1896, en tête de son étude sur *le mouvement idéaliste et la réaction contre la science positive* : « par idéalisme nous n'entendons pas la théorie qui veut tout réduire à des idées, tout au moins à de la pensée, telle que nous la trouvons en nous, ou à quelque pensée analogue. Nous ne désignons par ce mot ni la négation des objets extérieurs ni la représentation purement ntellectualiste du monde ; nous entendons la représentation de toutes choses sur le type psychique, sur le modèle des faits de conscience, conçus comme seule révélation directe de la réalité. » Il faut séparer l'idée de spiritualisme comme une « thèse métaphysique ». La conception spiritualiste « n'est pas le *fait psychique* de l'expérience, en sa réalité immédiate ou concrète. Quelle que soit donc la valeur de cette conception, elle ne peut venir qu'ultérieurement : *le point de départ doit être le fait d'expérience interne*. De là, chez les philosophes contempo-

(1) L'idéalisme positif (*Revue philosophique*, février et mars 1917).

rains, cet idéalisme dont le vrai nom serait plutôt le psychisme ».

Du mot « idéalisme » je garde la partie affirmative et non la partie négative. Le fait fondamental, établi et étudié scientifiquement, qui sera la base de toute la doctrine, est l'*idée* ou *fait encéphalopsychique humain*.

Nous répondons ainsi immédiatement aux classiques, qui définissent l'idéalisme « le système de ceux qui ramènent toute réalité à l'idée et au sujet pensant » et qui ajoutent par suite, avec l'abbé Elie Blanc, dans son *Dictionnaire de philosophie* : « l'idéalisme est faux en tant qu'il nie la matière ». Notre idéalisme ramène à l'idée et au sujet pensant toute *connaissance* de la réalité, mais non toute réalité ; il ne nie pas la matière, il la connaît et l'étudie, mais toujours par l'intermédiaire du fait psychique humain.

Ainsi compris, le mot « idéalisme » peut, sans contradiction, être accolé au mot « positif ».

La présence de cet adjectif dans la désignation même de notre doctrine n'implique pas, de notre part, l'adhésion au positivisme.

Le positivisme est un « système de philosophie qui consiste à rejeter toute métaphysique ». Nous, nous ne rejetons pas plus la métaphysique que nous n'avons rejeté la réalité de la matière. Nous laissons la métaphysique hors du cadre de notre étude, mais nous n'en nions pas l'existence légitime. De la doctrine d'Auguste Comte nous n'acceptons pas, non plus, la loi des trois états successifs...

Du positivisme nous gardons — et c'est ce qui nous paraît en être la partie vraiment essentielle — la *méthode*. Or, la méthode positive, scientifique et expérimentale, n'a rien de contradictoire à l'idéalisme, tel que nous l'avons défini plus haut.

Fouillée a très bien reconnu que la conciliation est possible, désirable et désirée par beaucoup, entre le penser idéaliste et le penser positiviste. « Quoi de plus éloigné au premier abord, dit-il, que le positivisme issu de la métaphysique matérialiste et l'idéalisme issu de la métaphysique spiritualiste.... Cependant, si nous regardons plus loin que les apparences, nous voyons sous nos yeux le mouvement positiviste et le mouvement idéaliste tendre vers un même but, aspirer, pour ainsi dire, aux mêmes conclusions. La *synthèse objective* du savoir que poursuivait le positivisme et la *synthèse subjective* que poursuit l'idéalisme doivent, elles-mêmes, s'unir en une *synthèse universelle*. Il ne saurait y avoir, quoi qu'on en dise, de véritable divorce entre les résultats de la science positive et ceux de la philosophie. »

Cette synthèse complète me paraît facile en *appliquant la méthode positive au principe idéaliste*. Non seulement il ne saurait y avoir divorce entre la science positive et la philosophie ; mais il faut que la science positive permette d'étayer et de fonder toute une grande partie de la philosophie, toute la partie susceptible d'une démonstration scientifique, d'une étude positive.

Ceci est facile, à condition qu'on prenne pour point de départ scientifique initial, non la physicochimie (science de tout l'univers), ni même la biologie générale (science de tous les êtres vivants), mais la biologie humaine, science de l'homme espèce fixée depuis un grand nombre de siècles.

En définitive, *l'idéalisme positif est une philosophie scientifique fondée par et sur la science positive de l'homme ou biologie humaine ; c'est la science de l'idée par la méthode positive.*

Cette doctrine philosophique résume et synthétise l'état actuel des *rapports entre la science et la philosophie.*

TABLE DES MATIÈRES

CHAPITRE PREMIER. — Comment se pose aujourd'hui la question des rapports de la science et de la philosophie. 1

1. Ancienneté et actualité de la question des rapports de la science et de la philosophie.................. 1
2. Le dogme transformiste et moniste et la philosophie. 6
3. Forme actuelle de la question. La biologie humaine et la philosophie. Objet de ce livre................ 14

CHAPITRE II. — La méthode en science et en philosophie.. 23

1. Opposition apparente entre la méthode philosophique et la méthode scientifique. La mesure........ 23
2. La méthode positive, objective et subjective........ 30
3. La méthode physiopathologique ou médicale... 42

CHAPITRE III. — Science et psychologie................ 47

1. La fonction psychique. Psychisme supérieur et inférieur................................. 47
2. Psychisme et conscience.................... 55
3. Phénomènes psychiques et réflexes cérébraux..... 60
4. Phénomènes psychiques et phénomènes nonpsychiques réactionnels...................... 66

CHAPITRE IV. — Science et psychologie (suite)......... 74

1. Les grands caractères spécifiques du psychisme humain................................. 74
2. La loi de finalité biologique humaine............ 81
3. Origine des idées : idées endogènes et idées exogènes. 86

CHAPITRE V. — Science et logique.................... 98

1. Définition et objet de la logique. Les idées-lois de l'esprit humain............................ 98
2. Les principes universels du raisonnement humain ne viennent pas de l'expérience extérieure........ 103

3. Valeur de la logique, des sciences mathématiques et géométriques et de la science en général...... 112

CHAPITRE VI. — Science et morale..................... 124
  1. Principes d'une morale scientifique. Conception biologique de la liberté humaine..................... 124
  2. La liberté humaine et les lois générales du monde. 130
  3. Notion biologique de responsabilité, d'obligation morale, de devoir et de droit. Les idées-lois de la conduite humaine..................... 139

CHAPITRE VII. — Science et sociologie............... 149
  1 La loi biologique fondamentale de la société humaine n'est pas la loi darwinienne de la lutte et de la concurrence..................... 149
  2. La famille. Notion biologique de l'hérédité et du mariage..................... 158
  3. La patrie. Morale internationale............... 165

CHAPITRE VIII. — Les limites de la philosophie scientifique : métaphysique et religion. Conclusions : l'idéalisme positif..................... 173
  1. La philosophie scientifique et la métaphysique.... 173
  2. La philosophie scientifique et la religion.......... 180
  3. Conclusions. Essai d'une philosophie scientifique : l'idéalisme positif..................... 189

TABLE DES MATIÈRES..................... 195

6262-10. — CORBEIL. Imprimerie CRÉTÉ.

Original en couleur

NF Z 43-120-8